Heike Baum
Starke Kinder haben's leichter

Heike Baum

Starke Kinder haben's leichter

Spielerisch das Vertrauen in
die eigene Kraft stärken

Herder Freiburg · Basel · Wien

Gedruckt auf umweltfreundlichem,
chlorfrei gebleichtem Papier

Umschlaggestaltung: Joseph Pölzelbauer, Freiburg
Einbandillustration: Hans-Günther Döring, Welle
Textillustrationen: Theora Krummel, Münster

Alle Rechte vorbehalten – Printed in Germany
© Verlag Herder Freiburg im Breisgau 1998
Satz: DTP-Studio Helmut Quilitz, Denzlingen
Druck und Bindung: Freiburger Graphische Betriebe 1998
ISBN 3-451-26616-4

Inhalt

„Wenn man ein Kind erzieht, lernt es erziehen.
Wenn man einem Kind Moral predigt, lernt es Moral predigen.
Wenn man ein Kind warnt, dann lernt es warnen.
Wenn man ein Kind schimpft, dann lernt es schimpfen.
Wenn man ein Kind auslacht, dann lernt es auslachen.
Wenn man ein Kind demütigt, lernt es demütigen.
Wenn man die Seele eines Kindes tötet, dann lernt es töten.
Es hat dann die Wahl, ob sich selbst, die anderen oder beides.“

Alice Miller, Am Anfang war Erziehung, 1983

Vorwort

Das Bewußtsein darüber, daß Kinder auch in unserer Wohlstandsgesellschaft in ihrer Existenz gefährdet sind, wächst in unserer Gesellschaft seit einigen Jahren. Dabei sind sowohl die physische als auch die psychische Gesundheit im Blick. In dem Abkommen der Vereinten Nationen vom 26. Januar 1990 verpflichten sich die Mitgliederstaaten, Kinder auf dieser Welt zu schützen. Es wird ihnen in den insgesamt 54 Artikeln des Abkommens das Recht auf eine unbeschwerte, glückliche Kindheit zugesprochen, in der sie sich mit Liebe und Verständnis psychisch und physisch gesund entwickeln können. Vielen Kindern ist das aber auch in Deutschland nicht möglich, obwohl wir zu den reichsten Ländern dieser Welt gehören.

Das ergäbe eine traurige Bilanz, wären da nicht immer wieder Initiativen, Institutionen und Elternhäuser, die versuchen, das Beste aus ihrer Verantwortung gegenüber Kindern zu machen, neue Wege ausprobieren und somit an der Verbesserung der Lebenswelt für Kinder arbeiten.

Trotzdem gibt es viel anzuprangern und an dieser Gesellschaft zu kritisieren: Schauen Erwachsene doch viel zu oft weg, anstatt sich für

das Recht der Kinder einzusetzen, werden Straftäter, die Kindern sexuelle, psychische oder körperliche Gewalt antun, doch immer noch viel zu gering bestraft und viel zu selten therapiert.

Es wird Zeit, daß mehrere Dinge geschehen. Erwachsene müssen ein Bewußtsein dafür bekommen, daß sie Kindern mit Respekt begegnen müssen. Kinder sind keine halben Menschen, die deshalb nur das halbe Recht auf Achtung haben. Das fängt damit an, Kindern in angemessener Distanz zu begegnen. Der Nachbar wird freundlich gebeten, die Musik leiser zu machen, Kinder aber werden sofort angeschrien: „Haltet endlich die Klappe!"

An diesem Punkt ist Widerstand seitens der Kinder nachvollziehbar und auch angeraten. Die in diesem Buch beschriebenen Spiele und Übungen sollen Kindern ein positives Gefühl zu sich und anderen vermitteln. Wichtig dabei ist, daß die Kinder, die keine Lust auf ein Spiel haben oder deren Schamgrenze überschritten wird, nicht mitspielen müssen. Selbstbestimmung ist hier die Grundlage für ein gutes Gelingen.

Erziehung krankt immer wieder an den Schwächen und Ängsten der Erwachsenen, die mit den Aufgaben, die die Elternschaft mit sich bringt, häufig überfordert sind. Sogenanntes Fehlverhalten oder gar Verhaltensauffälligkeiten bei Kindern sind Symptome, deren Ursachen tiefer liegen. Darauf werde ich in Kapitel 1.2.3. noch weiter eingehen. An dieser Stelle ist nur wichtig zu verstehen, daß das Kind dem Erwachsenen einen Spiegel vorhält und mit seinen Auffälligkeiten eine Botschaft transportiert. Häufig heißt diese: „Liebe mich doch bitte so, wie ich bin."

Was auf dem Spiel steht, sind nicht Macht oder Autorität, sondern eine gute Beziehung zu dem Kind. Eine Beziehung, die von Liebe und Verständnis getragen wird, läßt zu, daß Kinder einmal die Entscheidung in die Hand nehmen, daß Kinder ihre Eltern auch intellektuell überholen dürfen. Daraus folgt nicht Ablehnung seitens der Kinder, sondern Dankbarkeit für die Chance, Möglichkeiten nutzen zu dürfen.

Es ist bei solchen Überlegungen wichtig zu verstehen, wie schwer es die heutige Elterngeneration hat. Es gibt wenig, was diese Generation besonders kennzeichnet. Die Legende der heilen Familienwelt als Herzstück der Gesellschaft ist zerstört, die 68iger sind mit ihren ehemals neuen Idealen Schnee von gestern, und es gibt kaum etwas, worauf diese Generation stolz sein könnte, weil sie es neu entwickelt hätte.

Die Bedrohung durch Arbeitslosigkeit, finanziellen Ruin und den Verlust der damit verbundenen sozialen Akzeptanz lastet zudem schwer. Da ist es nachvollziehbar, wenn Eltern vor Sorge um die eigene Existenz nicht mehr genug Kraft haben, ihren Kindern Zuversicht und Geborgenheit zu vermitteln. Aber genau das brauchen Kinder, um sich stark genug fühlen zu können, dieses manchmal schwierige Leben zu meistern.

Hinzu kommen die Gewalterfahrungen, die Eltern selbst erlebt haben. Bis Anfang der achtziger Jahre waren Schlagen und Schreien ein akzeptiertes Erziehungsmittel, wenn Kinder nicht folgen wollten. Und auch heute noch sind viele Eltern davon überzeugt, daß dies ein erfolgreicher und notwendiger Erziehungsansatz ist. Das hat mit Achtung und Respekt vor dem Kind wenig zu tun. Diesen Respekt ihnen gegenüber erleben Kinder, wenn ihre pysischen und psychischen Grenzen gewahrt bleiben.

An diesem Punkt sind mehr und mehr die Erzieherinnen gefordert, die die Versäumnisse im Elternhaus und daraus resultierende Verhaltensauffälligkeiten auszugleichen haben. Vor allem im Bereich der Präventionsarbeit kommt den Kindertagesstätten eine entscheidende und immer häufiger auch anerkannte Funktion zu.

Kinder müssen deutlicher spüren dürfen, daß sie keine Opfer zu sein brauchen. Sie benötigen ein Bewußtsein dafür, daß sie selbst entscheiden, sich wehren können und zu anderen Menschen gehen dürfen, die ihnen helfen. Das erfordert Sensibilität für das eigene Wesen, das sich in den ersten Jahren im Leben eines Kindes langsam entwickelt. Wenn Kinder in dieser Zeit ihren Gefühlen und ihrer Intuition vertrauen dürfen und sich geliebt und beschützt fühlen, ist das die beste Voraussetzung dafür, daß sich ein Kind, wenn es in Not gerät, Vertraute sucht, die ihm beistehen sollen.

Dieses Buch soll helfen, Kinder für das Leben stark zu machen. Dazu gehört die Auseinandersetzung mit den eigenen Erziehungsvorstellungen und Autoritätsbildern. Auch Erzieherinnen haben viele unterschiedliche Autoritätsbilder im Kopf und agieren manchmal diesen entsprechend, um hinterher festzustellen: „Ich handle wie meine Mutter."

Das kann leicht passieren, und auf Dauer gelingt es uns nur, aus den alten Verhaltensmustern herauszukommen, wenn das eigene Handeln immer wieder reflektiert und mit den Kolleginnen besprochen wird. Aber auch die Eltern müssen in die Präventionsarbeit einbezogen werden, und manchmal muß ihnen die Angst vor starken Kindern genommen werden.

Eine bewußte Pädagogik verlangt von den Erzieherinnen viel: Es muß den Kindern Spaß machen, sie sollen dabei etwas lernen, es aber trotzdem freiwillig tun und zudem ganzheitlich gefördert werden, es soll geschlechtsspezifische Angebote geben, und die Kreativität will gefördert sein. Das Ziel heißt: *Selbständigkeit, soziales Verhalten* und *Schulfähigkeit.*

Da kann einem als Erzieherin schon einmal der Atem ausgehen. Es bleibt nur eins: Schritt für Schritt eines nach dem anderen zu tun. Ich empfehle Ihnen, auch dieses Buch in kleinen Schritten zu lesen. Vor allem für den zweiten Teil des ersten Kapitels sollten Sie sich Zeit lassen. Die Übungen sind für Erwachsene gedacht und sollen das Kollegium ins Thema einführen und einen reflexiven Prozeß über die eigene Pädagogik auslösen. Nehmen Sie sich Zeit, das Thema und Ihre unterschiedlichen Menschenbilder kennenzulernen und zu diskutieren, denn umso leichter und fröhlicher wird hinterher die Arbeit gehen.

Die Spiele und die Übungen dieses Buches sind keine Lückenbüßer für zwischendurch. Das Buch ist als Projektanleitung für einen großen Zeitraum gedacht, in dem Sie ganz bewußt mit dem breitgefächerten Thema Prävention (sei es gegen körperliche Übergriffe, sexuellen Mißbrauch oder Suchtverhalten) umgehen wollen.

Verhelfen Sie Kindern zur Selbsthilfe, und freuen Sie sich auf starke und glückliche Kinder, die ihr Leben mit Bewußtsein und Selbstvertrauen meistern können!

Das folgende Lied von Rolf Zuckowski verdeutlicht genau, was ich einmal von einer Erzieherin gehört habe: Starke Kinder sind anstrengend, aber bequeme Kinder sind auch bequeme Opfer!

Starke Kinder

1. Starke Mädchen haben nicht nur schöne Augen,
   starke Mädchen haben Phantasie und Mut.
   Starke Mädchen wissen selbst, wozu sie taugen,
   starke Mädchen kennen ihre Chancen gut.

   Refrain:
   Starke Kinder halten felsenfest zusammen.
   Starke Kinder haben Kraft, um sich wehren.
   Pech und Schwefel, die sind gar nichts gegen sie.
   Ihren Rücken lassen sie nicht verbiegen,
   starke Kinder, die zwingt keiner in die Knie,
   und so leicht betrügt man starke Kinder nicht.
   Starke Kinder haben Kraft, um sich zu wehren,
   und sie seh'n dir frei und ehrlich ins Gesicht.
   Starke Kinder wollen nur die Wahrheit hören,
   starke Kinder, die zwingt keiner in die Knie und so leicht
   betrügt man starke Kinder nicht.

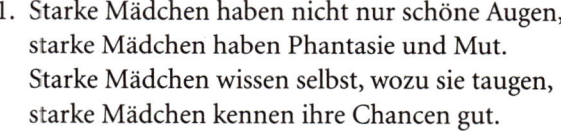

2. Starke Jungs, die können nicht nur Muskeln zeigen,
   starke Jungs, die zeigen Köpfchen und Gefühl.
   Starke Jungs woll'n ihre Meinung nicht verschweigen.
   Starke Jungs, die können siegen und verlier'n.

3. Starke Mädchen stehen fest auf ihren Beinen,
   starke Mädchen wollen alles ausprobier'n.
   Starke Mädchen sagen ehrlich, was sie meinen,
   starke Mädchen können siegen und verlier'n.

4. Starke Jungs, die wollen alles selbst erleben,
   starke Jungs, die können auch mal Zweiter sein.
   Starke Jungs sind stark genug, um nachzugeben,
   starke Jungs, die fallen auf Sprüche nicht herein.

Rolf Zuckowski

Da im pädagogischen Bereich mehr Frauen als Männer arbeiten, spreche ich sie in erster Hinsicht an. Ich hoffe, daß sich die Männer trotzdem genauso angesprochen fühlen und es mir verzeihen.
Ich wünsche Ihnen viel Spaß und große Erfolge!

Heike Baum

1. Kleine Theorie und Einführung für Erzieherinnen

1.1. Die Autorität der Erwachsenen ist nicht unantastbar

Die Entstehung von Autoritätsvorbildern innerhalb einer Generation

Jede Eltern- und Erzieherinnengeneration besitzt ihre Bilder und Vorstellungen von Autorität, die von den positiven und negativen Erfahrungen der eigenen Kindheit geprägt sind. Bei der Generation der heute Ende 20- bis Mitte 40jährigen kommen die Verunsicherungen hinzu, die die gesellschaftlichen Umbrüche in den letzten 30 Jahren mit sich gebracht haben.

Die „heile Familienwelt" ist in den Unruhen der 68iger Bewegung zerbrochen. Es wurde deutlich, daß in den so schönen deutschen Wohnzimmern nicht selten der Familienkrieg unterm Teppich tobte. Unzufrieden mit der totalitären und autoritären Erziehung ihrer Eltern, deren Fixierung auf materielle Werte und ihrer Unfähigkeit, Verantwortung für diese Welt auf politischer und humanitärer Ebene zu übernehmen, stand die junge Generation einem Wirtschaftswunder und Wiederaufbau gegenüber, für die sie letztlich nicht gebraucht wurde. Zugleich zweifelte sie an der Sinnerfüllung dieser materiellen Ausrichtung.

Soziologen sprechen deshalb von den Tunnelkindern, das heißt, von einer Generation, die die Gesellschaft unterlaufen kann, da sie für gesellschaftliche Funktionen nicht gebraucht wird.

Die Unzufriedenheit führte dazu, daß alle gesellschaftlichen Strukturen hinterfragt wurden, insbesondere auch tradierte Rollenbilder und damit die Erziehungsstrukturen. Sicher hat die Last der Verbrechen, die durch den blinden Gehorsam eines ganzen Volkes im Dritten Reich geschehen konnten, die Vehemenz, mit der neue pädagogische und gesellschaftliche Werte gefordert wurden, verstärkt.

Für die weitere Entwicklung ist dieser gesellschaftshistorische Hintergrund sehr wichtig. Die Menschen, die 1968 protestierten, wurden im Laufe der Jahre „gezähmt". Die großen Ideale wurden kleiner, und am Ende entsprach manches doch wieder althergebrachten Mustern. Zugleich wurde aber auch weiter mit Werten, Normen und Rollen experimentiert. Es entstanden neue Familienkonstellationen, und heute finden sich die vielfältigsten Formen des Zusammenlebens. Ob all die Versuche, Neues zu entdecken und sich selbst dabei zu verwirklichen, die heutige Generation glücklicher als frühere gemacht haben, wage ich zu bezweifeln, und letztendlich muß das auch jeder für sich entscheiden.

In jedem Fall herrscht große Unsicherheit, und nicht selten stolpern die Erziehenden über ihre eigenen konservativen Wurzeln und stoßen an ihre Grenzen, verlieren schlicht die Nerven und sind nicht selten mit der Erziehung im Grunde überfordert. Das gilt nicht nur für Eltern, sondern trifft im selben Maße auch auf die Professionellen innerhalb der Elementarpädagogik zu.

Andere Erziehungsmuster erlebten die Frauen und Männer, die noch zu Zeiten der DDR im Osten Deutschlands aufwuchsen. Die totalitäre Autorität des Staates schlug sich auch im Erziehungssystem nieder, das die Philosophie des „sozialistischen Menschen" widerspiegelte.

Der Erfolg dieses Gesellschaftsmodelles aber blieb aus und mit ihm ein materieller Überfluß, wie ihn der Westen erlebte.

Das Leben der Kinder war deutlich von den Erwachsenen bestimmt und an die engen Zeitmuster von Eltern und Erzieherinnen gebunden. Die Erwachsenen mußten selbst erleben, daß Kritik, wenn nicht verboten, so doch nicht gern gesehen war, und hatten es daher schwer, Kinder zu einer kritischen Auseinandersetzung mit der Gesellschaft und zu Selbstbestimmung zu erziehen. Hinzu kam, daß die Kinder außerhalb der Familie von Leuten erzogen wurden, die vom Staat eigens dafür vorbereitet und eingesetzt wurden.

Nach der individuell jeweils anders erlebten Wende hing es vom einzelnen ab, wie sehr er diese Form der Erziehung und Politik reflektierte und verarbeitete. Was bei vielen geblieben ist, ist eine starke Verunsicherung in vielen Lebensbereichen, da mit dem Verlust des eigenen Staates auch ein Stück der eigenen Identität verlorenging. Diese Lücke kann sich nicht von heute auf morgen schließen. Unabhängig davon, wie die Wende und die mit ihr verbundenen Veränderungen im nachhinein empfunden werden, sind es die Menschen in den neuen Bundesländern, die die Hauptlast zu tragen haben und die Verunsicherungen durchleben müssen, um neue Standpunkte, Werte und Normen für sich zu finden.

Es ist bewundernswert, wieviele Erzieherinnen in den neuen Bundesländern die eigene Geschichte aufarbeiten und neue Möglichkeiten für die Kinder nutzen. Natürlich fallen auch sie dann und wann wieder in alte Muster zurück und brauchen die ständige Auseinandersetzung mit sich und ihrer Arbeit.

Allgemein gilt, daß es Aufgabe der Erziehenden bleibt, die eigenen Handlungsweisen immer wieder zu reflektieren und die eigene Geschichte in bezug auf Autoritäten zu überdenken und damit Kindern neue Perspektiven zu ermöglichen.

Eltern und Erzieherinnen unter dreißig haben die ihnen so lang zugeschriebene „Null Bock"-Haltung schon längst aufgegeben. Sie haben von den Älteren gelernt, daß Individualität erarbeitet werden muß. Ohne Zweifel ist dies vielen zu anstrengend, und so passen sie sich in alte Muster ein, die einen aus Bequemlichkeit, die anderen aus Protest. Zu viele neue Lebensformen auf einmal scheint die Gesellschaft nicht zu verkraften, und so greifen gerade junge Eltern und Erzieherinnen vermehrt wieder auf Altbewährtes zurück.

Pädagogische Ideale kommen und gehen also mit wechselndem Gesicht. Umso wichtiger ist es, nicht die Kinder aus eigener Verunsicherung aus dem Blick zu verlieren oder ihnen das Recht auf Selbstbestimmung abzusprechen.

Kindern das Erlernen von Selbstbestimmung zu ermöglichen, ist eine der wichtigsten Aufgaben, wie die entwicklungspsychologischen Aspekte des nächsten Kapitels verdeutlichen. Nur so erhalten Kinder die Chance, später unbefangen lernen und die eigenen Grenzen erkennen und akzeptieren zu können.

Entwicklungspsychologische Aspekte der Selbst- und Fremdwahrnehmung von Kindern

Wir Erwachsenen haben alle ein Ich-Bewußtsein und nehmen es in den meisten Situationen als selbstverständlich hin, daß alle anderen Menschen dies als gegeben betrachten. Wir verbringen wenig Zeit damit, jemandem zu erklären, was es bedeutet, „ich" zu sein.

Dieses Gefühl – „Das bin ich, so empfinde ich mich, und ich bin eben ich selbst" – ist die Grundlage dafür, daß wir mit anderen in Beziehung treten können. Eine solche Beziehung entsteht im wesentlichen durch das Anerkennen von Grenzen: Hier fange ich an, und da endet mein Gegenüber. Damit wird deutlich, daß beide Menschen nicht ein und derselbe sind; nur durch Gefühle und Handlungen entstehen Gemeinsamkeiten, die in der Liebe so weit gehen können, daß die Liebenden sich als eine Einheit erleben – niemals aber als eine Person.

Kinder haben diese Grenzen in der symbiotischen Phase ihres Lebens noch nicht erfahren und verstehen erst langsam, daß sie und ihre Bezugsperson zwei Individuen sind.

Um ein Ich-Gefühl zu entwickeln, müssen Kinder zwei Dinge unterscheiden können. Zum einen ist dies das Selbstbewußtsein als ein Gefühl von Kontinuität innerhalb der eigenen Existenz. Es bedeutet zu wissen: Ich werde weiter da sein, auch wenn andere gehen, ich bin in meiner reinen Existenz unabhängig von anderen auf dieser Welt.

Die Selbsterkenntnis ist der zweite Schritt zur Bildung des Ich-Bewußtseins. Sie entwickelt sich ein Leben lang weiter und hinkt dem Selbstbewußtsein immer ein wenig hinterher. Sich selbst zu erkennen bedeutet, die äußeren und inneren Merkmale von sich zu entdecken: sein Gesicht im Spiegel zu erkennen, um seine Charakterzüge, die eigenen Kapazitäten und die Motive des eigenen Handelns zu wissen.

Wenn ein Kind geboren wird, hat es kein Bewußtsein von sich selbst. Im Bauch der Mutter wurden alle Bedürfnisse befriedigt. Es gab kein Warten auf Nährstoffe, das dem Embryo ein Gefühl von Hunger hätte vermitteln können. Es war Teil eines funktionierenden Organismus und bildete eine Einheit mit der Mutter. Erst das Durchtrennen der Nabelschnur bedeutet für das Kind, abhängig vom eigenen Atmen, eigenem Essen, also dem eigenen Tun zu sein. Dieser Zeitpunkt ist für ein Kind ausschlaggebend, um zu einem Bewußtsein im allgemeinen und zu Selbstbewußtsein und Selbsterkenntnis im besonderen zu kommen. Seine biologischen Bedürfnisse werden nicht mehr automatisch befriedigt, und es spürt dadurch Gefühle, die ihm unangenehm sind. Es nimmt Hunger wahr und begreift erst mit der Zeit, daß Essen den Hunger stillen kann. Satt zu sein und sich wohlzufühlen sind Emotionen, die auf den Hunger folgen können, aber nicht müssen. Dieses immer bewußter werdende Wahrnehmen der Zusammenhänge von Gefühlen und Aktionen beginnt dem Kind eine Vorstellung von sich zu geben: Es ist mein Hunger, es ist mein Mund, in den Essen kommt, es ist mein Sattsein. Dieser Zusammenhang von Bedürfnissen und Befriedigungsweisen wird dem Kind erst im Laufe der Zeit bewußt. Beide zusammen bilden sein Ich und geben ihm das Gefühl: Es ist „mein Leben" – und schließlich auch „mein Tod".

Natürlich werden auch Tiere den Bedürfnissen ihrer Jungen gerecht. Der wesentliche Unterschied aber besteht zwischen Menschen und

Tieren darin, daß Tiereltern den Jungen mit einem festgelegten und einem vom Instinkt geprägten Muster begegnen. Menschen aber machen immer wieder etwas anders: Eltern lassen ihre Kinder einmal auf das Essen warten oder setzen sie auf einen anderen Stuhl, oder jemand anderes gibt dem Kind die Nahrung usw. Die Veränderungen, denen ein Baby ausgesetzt ist, sind unzählbar. Mal ist das Fläschchen wärmer, mal kälter, der Vater hat bei einer Erkältung eine andere Stimmung, die Mutter hat etwas Weiches oder etwas Kratziges an und und und. Dadurch ergeben sich im Leben eines Babys in kurzen Abständen unterschiedliche Gefühle, die es verarbeiten muß und die es immer wieder zu sich selbst zurückführen: Ich habe dieses Gefühl, weil… Bedürfnis, Frustration und Bedürfnisbefriedigung wechseln sich im Leben eines kleinen Kindes somit häufig ab.

Daraus läßt sich ableiten, daß Selbstbewußtsein als ein körperliches Gefühl beginnt. In den ersten Monaten kennt ein Kind die Komplexität seines Körpers noch nicht. Es ist erstaunt, wenn die eigene Hand vor seinen Augen auftaucht und wieder verschwindet. Es beißt sich in die Hand und weiß noch nicht, daß es selbst den Beißschmerz auslöst. Erst mit der Zeit beginnt es, die Zusammenhänge zu erkennen. Schmerzen in der Hand und ein Beißgefühl im Mund fühlen sich anders an als ein Beißgefühl im Mund mit dem Beißring in der Hand. So wundert sich ein Kind mit sechs Monaten nicht mehr über die eigenen Bewegungen. Es hat bereits eine Ahnung seines Ichs entwickelt.

Das körperliche Ich-Gefühl wächst im ersten Jahr vor allem anhand von Erfahrungen, bei denen das Kind die Handlungen selbst ausführt. Wenn es weint, bekommt es etwas zu essen, wenn es quengelt, wird es auf den Arm genommen, gestreichelt oder gewiegt. Wenn es lacht, lachen die Großen mit, wenn es die Finger öffnet, verliert es sein Spielzeug. Es gibt bei den gleichen Aktionen immer und immer wieder die gleichen Reaktionen. Daraus schließt ein Kind, daß es der Verursacher dieser Reaktionen ist und sie selbst in Gang setzt. Dieses Gefühl ist der Kern, um den sein weiteres Selbstbewußtsein wächst.

Der amerikanische Psychologe Lewis wollte herausfinden, ab welchem Monat Kinder ihr eigenes Bild im Spiegel erkennen. Dafür ließ er Kinder in den Spiegel schauen. Dann nahmen die Mütter sie auf den Schoß, putzten ihnen die Nase und schmierten ihnen dabei heimlich einen Tupfen roter Farbe auf die Nase. Den Hinweis darauf, daß sich ein Kind erkannt hatte, sah er darin gegeben, daß es sich beim Anblick der roten Nase im Spiegel an die eigene Nase faßte. Keines der Kinder zwischen dem 9. und 15. Monat tat das. Aber von den Kinder zwischen 15 und 18 Monaten taten es 24 %, von denen zwischen 18 und 24 Monaten 88 %. Und noch etwas fiel auf: Alle Kinder, die an dem Experiment teilgenommen hatten, auch die ganz Kleinen, betasteten ihren Körper nachher öfter, als sie es sonst überlicherweise taten. Es schien fast so, als sei auch bei den gerade neun Monaten alten Babys eine unbestimmte Unruhe aufgekommen: *„Es gibt mich!"*

Dieses Gefühl entwickelt sich beim Kind, obwohl es den Begriff „ich" noch nicht kennt.

Nun gibt es Volksstämme auf dieser Welt, die keinen Spiegel an der Wand hängen haben und die sich auch nicht in klarem Wasser sehen können. Trotzdem entwickeln diese Menschen ein Ich-Gefühl, lernen sich selbst zu erkennen und sich ihrer selbst bewußt zu sein. Der wohl wichtigste „Spiegel" für ein Baby ist die Bezugsperson, die für das Kind sorgt. Indem ein Vater oder eine Mutter auf die Wünsche und die Äußerungen eines Kindes reagieren, bestätigen sie diesem immer wieder, daß es existiert. Gute Bezugspersonen hinterlassen beim Kind eine Ahnung von Menschlichkeit, die es mit zunehmendem Alter verinnerlicht und imitiert. Das Ich im Sinne einer bewußt gesteuerten Lebensbewältigung ist also eine Kunst, die ein Kind unbemerkt abguckt. Wo die gute Bezugsperson fehlt, ist die Gefahr groß, daß sich ein schwaches Ich-Gefühl entwickelt, das nur langsam wächst.

Die Fähigkeiten, die das Kind im zweiten Lebensjahr rasch und in zunehmenden Maße entwickelt, fördern das Gefühl der Unabhängigkeit, auch ohne die anderen Menschen jemand zu sein.

Daraus entwickelt sich im dritten Lebensjahr die Loslösung aus der symbiotischen Beziehung mit der Mutter. Das Kind trennt sich Schritt für Schritt von ihr. Diese Phase der Individuation bedeutet für das Kind, auch psychisch auf eigenen Beinen zu stehen. Es begreift, daß es ein eigenes Leben führt.

Für die Entwicklung des Selbstvertrauens ist das Erleben sicherer Bindungen notwendig. Gerade in der Phase, in der ein Kind immer wieder eigene Schritte wagt, muß es sich auf die Beziehungen, die ihm bis dahin Sicherheit und Geborgenheit gegeben haben, verlassen können.

Schließlich lernt das Kind, daß es ein festes Wort gibt, mit dem ausschließlich es selbst gemeint ist. Damit kann es sich selbst nun auch verbal vom Teddy unterscheiden. Es ist sein Rufname, und in der Zeit, in der es noch nicht „ich" sagen kann, gebraucht es den eigenen Namen für sich selbst.

Im Laufe des dritten Lebensjahres kommt der Zeitpunkt, an dem das Kind zum ersten Mal „ich" sagt. Am Anfang verwechselt es das Wort noch häufig mit „du", weil es von den anderen ja so angesprochen wird. Doch im Laufe des Experimentierens erfährt das Kind, daß „ich" ein Wort ist, das ihm selbst ermöglicht, sich von den anderen Menschen abzugrenzen.

In dieser Zeit haben es Kinder untereinander schwer. Sie versuchen die Welt nach ihren Bedürfnissen zu regieren. Das neugewonnene Ich-Gefühl läßt die Kinder geradezu in uralte Menschenmuster (archetypische Muster) fallen. Sie wollen dem neu verstandenen Ich im wahrsten Sinne alles einverleiben, dessen sie habhaft werden können. Es beginnt ein Kampf um Besitz und Revier. Das Wort „meins" wird mit großem Triumph ausgesprochen, und da Kinder in dieser Phase noch nicht begreifen können, daß auch andere ein Ich-Gefühl haben, verstehen sie nicht, weshalb andere Kinder auf dasselbe Auto Anspruch erheben können.

Der Machtrausch wird durch das Erlernen der Bedeutung von „nein" verstärkt. Das führt besonders zu Konflikten mit den Eltern. Bis zu diesem Zeitpunkt lebte das Kind in Frieden mit ihnen, und diese Beziehung gab dem Kind Vertrauen und Sicherheit. Nun schlägt sie ins krasse Gegenteil um. Das Kind beharrt auf seinem Nein, auch wenn es noch so lieb gebeten wird. Das Gefühl, daß es selbst bestimmen kann, weil es über einen eigenen Körper und eine eigene Identität verfügt, kostet das Kind bis zu einem Jahr aus. Erst zwischen dem dritten und vierten Lebensjahr festigt sich das Ich-Gefühl und verliert den ausschließlichen Charakter. Kinder sind nun soweit, zu begreifen, was anderen Menschen Freude macht oder Leid zufügt. Sie sehen sich nicht mehr selbst als den absoluten Mittelpunkt der Welt.

An diesem Punkt hat ein Kind sich selbst als kontinuierlich existierendes Wesen erlebt und erfahren. Dies ist die Voraussetzung dafür, daß nach und nach Selbsterkenntnis entwickelt werden kann. Mit diesem Prozeß sind viele Fragen verbunden: Wie sehe ich aus? Was sind meine starken Seiten? Warum mache ich manchmal dies und manchmal das? Wann hat mich wer lieb und warum? Was denken andere Menschen von mir?

Es beginnt ein erstes Abwägen, was ein Kind an sich gut findet und was nicht. Es beginnt, Ehrgeiz zu entwickeln und Dinge spielerisch zu üben, damit es diese genauso gut kann wie die älteren Kinder oder wie die Erwachsenen, etwa einen Ball an die Wand zu werfen und ihn wieder aufzufangen, Seil zu springen und vieles mehr.

Aus den Erfahrungen der letzten vier Jahre, in denen all sein Tun eine Wirkung auf seine Umwelt hatte, und der zunehmend bewußten Wahrnehmung der eigenen Fertigkeiten, die es bis zu einem bestimmten Punkt auch selbst beurteilen kann, entwickelt das Kind ein Gefühl von Kompetenz und Selbstvertrauen.

Es gibt Psychologen, die noch einen Schritt weiter gehen, was die Bedeutung des Elternhauses für die Entwicklung des kindlichen Selbstvertrauens betrifft. Ihrer Ansicht zufolge hängt das Selbstwertgefühl, das eng mit der Selbsterkenntnis verknüpft ist, in großem Maße von der Selbstbehauptung der Eltern ab. Wenn Eltern sich innerhalb der gesellschaftlichen Schicht, in der sie leben, behaupten und sich einen Status verschafft haben, mit dem sie zufrieden sind, wird das Kind aus dieser Sicherheit heraus mehr wagen. Es lernt hier am Modell.

Es wird dabei betont, daß eine Erziehung, die den Kindern viel Raum für die Freude am eigenen Tun gibt, eher zu Selbstvertrauen führt als eine Erziehung, die alle Leistung von außen belohnt. Untersuchungen zeigen immer wieder, daß die Kinder es leichter haben, die selbständig und von ihren Eltern unabhängig Dinge machen dürfen, dazu ermuntert und darin unterstützt werden.

Dabei ist wesentlich, inwieweit sich Eltern für das Tun und Treiben ihrer Kinder interessieren und deren Fortschritte verfolgen.

Kinder, die in den ersten Jahren „größenwahnsinnig" sein konnten, die es ausleben durften, der Mittelpunkt der Welt zu sein, und die von ihren Eltern zu selbständigem Handeln angeregt und darin unterstützt wurden, haben ein Selbstvertrauen entwickelt, das ihnen in den folgenden Jahren immer wieder zugute kommt. Ein Kind, das weiß, daß es vieles gut kann und bei anderem Hilfe braucht, kann in Zukunft lernen und daran glauben, daß es die noch notwendigen Fähigkeiten zu entwickeln in der Lage ist, weil es die Anlagen dazu besitzt. Schwieriges wird mit dem Bewußtsein geübt, daß manche Dinge schwer, aber mit der Unterstützung der anderen zu schaffen sind. Es tauchen viel weniger Versagensängste auf oder gar Gefühle von Hoffnungslosigkeit wie: „Das schaffe ich nie."

Das gilt auch für Situationen, in denen Kinder bedroht sind. Nähert sich ein Erwachsener einem Kind in unangenehmer Weise, wird das Kind, das lernen konnte, den eigenen Gefühlen, der Intuition oder den eigenen Fähigkeiten zu vertrauen, sich leichter und schneller wehren als Kinder, denen dies nicht möglich war.

Pädagogische Voraussetzungen für das Lernen von Selbsterkenntnis und Selbstvertrauen

Da es in diesem Buch nicht nur darum geht, Kinder vor Gewalt von außen zu schützen, sondern auch darum, der Autoaggression in Form der unterschiedlichsten harten und weichen Drogen vorzubeugen, müssen die ganzheitlichen Faktoren der Prävention beleuchtet werden. So geht es auch darum, Kindern Lebenskompetenzen zu vermitteln, die ihnen in schwierigen oder krisenschweren Zeiten helfen, verantwortungsbewußt mit sich und anderen umzugehen.

Dabei ist vor allem zu beachten, daß jedes Kind sein eigenes Tempo hat, bestimmte Dinge zu erlernen. In allen Kindern steckt ein Drang, sich die Welt zu eigen zu machen, Dinge zu begreifen und Fähigkeiten zu entwickeln. Doch lenkt jedes Kind seine Aufmerksamkeit zu unterschiedlichen Zeiten auf die gleichen Dinge. Das eine Kind lernt früher Laufen als der Durchschnitt, und ein anderes kann dafür früher sprechen. Eltern und Pädagoginnen müssen auf die individuelle Entwicklung der Kinder Rücksicht nehmen und dürfen ihnen ihre eigenen Vorstellungen nicht einfach überstülpen. Wenn bedacht wird, daß ein Kind ein vollständiges Wesen ist, wird deutlich, daß es selbst am besten weiß, was es braucht. Trotzdem gibt es Gefahren, vor denen es beschützt werden muß. Ich will es an einem Beispiel einmal deutlich machen.

Die zweijährige Sandra will auch kochen wie die Mama. Also zieht sie einen Hocker an den Herd, der es ihr möglich macht, über dessen Rand zu schauen. Das zeigt, daß Sandra zielgerichtet agiert und versucht, die Probleme, die dieses Unterfangen mit sich bringt, zu bewältigen. Die Erfahrung des heißen Herds hat sie noch nicht gemacht, also kann sie noch nicht wissen, was es bedeutet, sich zu verbrennen. Hier muß natürlich ein Elternteil eingreifen. Wichtig dabei ist, daß die Erwachsenen sehen, welche große Aufgabe Sandra bewältigt hat, und daß ihr Bedürfnis zu kochen ernst genommen wird. Es gilt in diesem Falle, sie die praktische Erfahrung machen zu lassen, wie sich eine heißwerdende Herdplatte anfühlt oder auch wie heiß die Suppe in dem Topf auf dem Herd bereits ist. Sandra begreift so, daß es nicht böse ist, am Herd zu spielen, sondern daß es Gefahren in sich birgt und sie dabei sehr gut aufpassen muß. Sie fühlt sich in ihrem Spieltrieb (kochen zu wollen) und in ihrem Lernen (einen Hocker heranzuziehen) ernst genommen und wird unterstützt, wenn es um gefährliche Situationen geht. Ein Kind, das solche Erfahrungen machen kann, geht gestützt und sicherer aus dieser Situation hervor. Kinder hingegen, denen gesagt wird, es sei böse, an den Herd zu gehen, lernen nur, daß ihr eigener Trieb, etwas zu tun, Neues zu entdecken und Fähigkeiten zu entwickeln, den Erwachsenen offenbar nicht gefällt.

Für Kinder ist es aber eine Notwendigkeit, die *Fähigkeit zur Selbständigkeit* entwickeln zu können. Sie üben und üben, versuchen Neues und freuen sich selbst am meisten über jeden Erfolg.

Das heißt nicht, sie würden unabhängig und bräuchten niemanden mehr. Im Gegenteil, zu einer gesunden Entwicklung gehören *gute* und *vertraute* Beziehungen, Beziehungen, in denen Distanz und Nähe erlaubt sind, in denen gestritten werden darf und alle gemeinsam lachen können. Auch hier brauchen Kinder Zeit, um die unterschiedlichsten Situationen angemessen zu meistern. So wie Kinder mit Spielsachen experimentieren, müssen sie es auch mit Beziehungen tun können. Sie müssen den Menschen und die Individuen kennen- und einschätzen lernen. Dabei ist es wichtig, ihnen immer wieder zuzugestehen, daß ihre eigenen Gefühle und ihre Intuition der Maßstab sind, an dem sie sich orientieren können.

Wenn ein Kind der Oma keinen „Kuß auf Kommando" geben will, ist das ein gutes Zeichen von Selbstbestimmung. Zu wissen, was es will, bedeutet auch, die eigenen Grenzen nach außen ziehen zu können. Erwachsene schmusen auch nicht immer, wenn das Gegenüber Lust dazu hat. Warum sollte diese Selbstbestimmung dem Kind vorenthalten werden? Nur weil Omas schon seit Generationen geküßt werden und das auch immer ganz schön finden?

Es gibt Situationen, die geklärt werden müssen. Wenn Kinder von sich aus ihr Verhalten auf einmal auf eine für die Erwachsenen unverständliche Weise verändern, muß darüber gesprochen werden.

Wenn Kinder sich bereits mit Worten ausdrücken können, bedeutet das noch nicht per se, daß es ein wirkliches Verstehen gibt. Dieses fordert von den Erwachsenen gutes und geduldiges Zuhören. Kinder spiegeln in ihren Erzählungen ihre sprachlichen Möglichkeiten wider. Oft haben wir Erwachsenen Worte, die Dinge viel schneller und genauer erklären, vor allem im Gefühlsbereich. Wenn Kinder immer wieder erleben, daß sie Zeit haben, um dem betreffenden Erwachsenen etwas zu erzählen, lernen sie entspannt und in kleinen Schritten, die Sprache immer besser zu verwenden.

Je früher Kinder erfahren, daß sie durch Reden Situationen verändern und auch Erwachsene von ihren Interessen überzeugen können, desto eher werden sie Verhandlungsbereitschaft entwickeln. In unserer Gesellschaft ist Sprache das wichtigste Medium, um in Beziehung zu anderen zu treten und mit ihnen zu kommunizieren, deshalb sollten Kinder die Möglichkeit haben, früh mit ihr experimentieren zu können.

Gleichzeitig lernen Kinder, die mit Erwachsenen auch streiten dürfen, ihre eigene Meinung zu vertreten. Sie beginnen *kritisch* zu denken und nicht alles einfach zu übernehmen, sondern zu überprüfen, wie sie selbst dazu stehen.

Kinder brauchen Pausen, um neue Kraft zu schöpfen oder sich im Spiel eine Zauberwelt zu phantasieren, in der sie alles können und nichts mehr zu lernen brauchen.

Sie sollen sich in diese Spielwelt zurückziehen dürfen. Auch das ist eine Form der Abgrenzung, die notwendig ist, um den eigenen Bedürfnissen und Gefühlen auf der Spur zu bleiben.

Nein zu sagen gehört dazu, wenn Erwachsene etwas vom Kind möchten, was es selbst nicht will. Wenn die Haltung von Erwachsenen Kindern gegenüber Respekt und Achtung beinhaltet, wird ihnen ein Nein akzeptabel erscheinen. Manche Eltern oder Erzieherinnen glauben, sie könnten ihre Autorität verlieren, wenn sie Kindern

Selbstbestimmung zugestehen. Autorität und Vorbildfunktion sind ein Geschenk des Kindes an den Erwachsenen, keine notfalls mit Gewalt zu erzwingende Sache. Kinder spüren sehr genau, ob es um Macht geht oder um ein echtes Interesse an ihrem Wohlergehen.

Ein weiterer wichtiger Bestandteil der Prävention ist die *Förderung der Körperwahrnehmung* bei Kindern. Je deutlicher sie durch unterschiedliche Erfahrungen ihren Körper erleben, um so differenzierter können sie positive und negative Körpererfahrungen unterscheiden. Je mehr sie sich bewegen, desto kräftiger werden sie sich fühlen. Das bedeutet beides nicht, daß sie sich im Notfall gegen einen Erwachsenen, der ihnen Gewalt antun will, effektiv wehren können. Doch können das Vertrauen in die eigene Kraft und der Mut zu den eigenen Gefühlen sie mutig genug machen, ihre Abwehr deutlich zu machen, Hilfe zu holen oder laut zu schreien. Ein gut ausgebildetes, positives Körpergefühl stellt auch eine präventive Maßnahme gegen Drogenmißbrauch dar. Kinder, die es gewohnt sind, sich in ihrer Haut wohlzufühlen, werden sich von Dingen, die ihnen nicht gut tun, schneller abwenden oder sich einem Erwachsenen anvertrauen, wenn sie sich nicht alleine helfen können.

Voraussetzung hierfür ist eine *vertrauensvolle Beziehung*. Kinder brauchen wie wir Erwachsenen das Gefühl, daß intime Gespräche nicht weitergetragen werden. Wenn ein Kind einer Erzieherin in der Kita etwas erzählt und diese gleich damit zur Kollegin geht, wird es vermutlich das nächste Mal den Mund halten. Kinder, die sexuelle oder körperliche Gewalt erlebt haben, beobachten ihre Vertrauten sehr genau, bevor sie sich öffnen. Dieser intime Bereich gilt nicht nur für Gespräche. Es gibt z. B. keinen Grund, Kinder grundsätzlich auf die Toilette zu begleiten. Es gibt eine Menge Kitas, in denen die Toilettenwände so niedrig sind, daß ein Erwachsener jederzeit Einblick hat. Ich kann mir keinen Grund vorstellen, der das Zuschauen berechtigt.

Wenn Eltern und Erzieherinnen Kindern mit dem oben beschriebenen Respekt begegnen, werden sich die letzten beiden Punkte, die im folgenden beschrieben werden, wie von selbst ergeben.

Kinder müssen wissen, daß es *gute* und *schlechte* Geheimnisse gibt. Wenn ein Kind unter Druck gerät, weil es ein ungutes Geheimnis wahren soll, eines, das ihm Angst macht oder es unruhig werden läßt, ist es besser, das Geheimnis herauszulassen. Der Erwachsene, der dieses schlechte Geheimnis mit dem Kind teilt, wird es vermutlich unter moralischen Druck setzen oder ihm drohen. Deshalb ist es wichtig, daß Kinder von vielen unterschiedlichen Erwachsenen immer wieder die Erlaubnis bekommen, schlechte Geheimnisse zu verraten. Vielleicht glaubt das eine oder andere Kind dann, daß so viele Erwachsene wohl recht haben müssen.

Wichtig hierbei ist ein weiterer Aspekt, dem in diesem Buch ein Kapitel gewidmet ist: *Wer offen sagen darf, was er denkt, muß weniger lügen.* Kinder haben sehr deutlich ein Gespür dafür, was ihre vertrauten Erwachsenen gut und schlecht heißen. Es kostet sie, vor allem wenn sie schlechte Erfahrungen gemacht haben, großen Mut, etwas zu erzählen, wenn sie etwas falsch gemacht haben. Die Folgen und anschließende Strafen kennen alle von sich selbst. So erfahren Eltern oder Pädagoginnen eben nicht alles; im Notfall wird gelogen. Wenn Kinder aus Angst vor Strafe beginnen, nicht mehr die Wahrheit zu sagen, gewöhnen sie sich daran, die Dinge lieber selbst zu regeln. Damit geben Erwachsene eine große Chance aus der Hand. Wenn Kinder aber wissen, sie können mit allem kommen, auch wenn sie etwas Verbotenes gemacht haben, werden die Erwachsenen auch erfahren, wenn sich das Kind in Not befindet.

Vielleicht denken Sie nun, daß all dies unerreichbare Ziele sind und eine Erzieherinnengeneration das nicht meistern kann. Doch wenn Sie ihr Menschenbild überprüfen und damit beginnen, Kindern mit der gleichen Achtung zu begegnen, die Sie Menschen entgegenbringen, die sie sehr schätzen, wird sich ein großer Teil der oben beschriebenen Punkte von selbst einstellen.

Als weitere Hilfestellung empfehle ich Ihnen, Kapitel 1.2. mit Ihren Kolleginnen sorgfältig durchzuarbeiten und sich so auf die Problematik einzustimmen.

1.2. Dem eigenen Erziehungsstil auf der Spur

Das Bild in mir, das ich vom Menschen habe und das im Laufe des eigenen Lebens entstanden ist, bestimmt in hohem Maß meinen Handlungsspielraum, der mir Kindern gegenüber zur Verfügung steht. Ich schreibe dies bewußt im Passiv, weil es Verhaltensmuster in uns allen gibt, die wir ausleben, ohne jemals darüber nachzudenken. Sie gehören, solange sie nicht reflektiert und ihre Ursachen uns noch nicht bekannt sind, zum sogenannten unbekannten Erbe unserer Kindheit.

Deshalb handelt dieses Kapitel von dem eigenen Menschenbild, das überprüft und reflektiert werden soll.

Die Vorstellungen dieses Buches sollen Sie als Angebot verstehen. Es kann nicht das Ziel sein, sich einen pädagogischen Stil anzueignen, der mit der eigenen Identität nichts oder nur wenig gemein hat. Kinder wollen die Authentizität von Erwachsenen spüren, um sich an ihnen zu orientieren und zu reiben. So bleibt es jeder Erzieherin überlassen, zu ihrem Erziehungsstil zu finden.

Ich empfehle Ihnen, ein sogenanntes Lerntagebuch zu führen, solange Sie an diesem Buch arbeiten. Schreiben Sie die Antworten und Lösungen der Aufgaben und Übungen dieses Kapitels hinein und nützen Sie es, um Ihre Gedanken – auch über die Kinder Ihrer Gruppe – festzuhalten.

Lassen Sie sich auf einen konsequenten Prozeß ein, auch wenn Ihnen das eine oder andere unnötig oder unangenehm erscheinen sollte. Am sinnvollsten ist es, wenn Sie dieses Kapitel mit Ihren Kolleginnen gemeinsam durcharbeiten. Sie haben dann die Möglichkeit, die Ideen und Vorstellungen dieses Buches zu diskutieren, und bilden sich so leichter Ihr eigenes Bild.

Außerdem gibt es eine Menge spielerischer Übungen, die zu zweit oder zu mehreren einfach mehr Spaß machen.

Wollen Sie das Thema im Kollegium gemeinsam behandeln, empfiehlt es sich, daß jedes Mal eine andere Kollegin die Übungen vorbereitet. Es ist häufig wichtig, spontan zu agieren, um sich selbst auf die Schliche zu kommen. Wechseln Sie sich in der Vorbereitung ab, muß nicht eine Kollegin allein darauf verzichten, die Übungen spontan machen zu können.

Zwingen Sie aber keine Kollegin, an den Übungen teilzunehmen. Wenn jemand nicht mitarbeiten möchte, suchen Sie gemeinsam nach Gründen, warum das so ist.

Zuschauen ist auf keinen Fall möglich, da es sich um eine reflexive, inhaltliche Auseinandersetzung handelt, die in Beziehung zu den späteren Kapiteln steht und an der alle teilnehmen sollten. Schließt das eine Kollegin im Vorfeld schon aus, kann sie nicht mitmachen.

Beginnen Sie mit diesem Kapitel nicht, solange es Streit und Ungereimtheiten im Team gibt. Es ist wichtig, eine offene und vertrauensvolle Atmosphäre zu schaffen, damit jede Kollegin ihre Gedanken frei entwickeln kann. Es sollte keinen Leistungsstreß und keine Zensur geben. Geben Sie den Kolleginnen immer wieder die Möglichkeit, ihre Ängste im Team zu besprechen. Machen Sie, wenn es der individuellen Sicherheit dient, einen Kontrakt, in dem das Team sich verpflichtet, nichts, was im Rahmen der Vorbereitung besprochen wird, an Dritte weiterzuerzählen oder es sich bei einem Streit vorzuhalten. Auch sollte vereinbart werden, daß niemand im Tagebuch eines anderen lesen darf. Im Kontrakt können noch weitere Punkte enthalten sein, wenn einzelne Kolleginnen das gerne möchten. Der Kontrakt wird nicht nach mehrheitlichen, demokratischen Abstimmungen beschlossen, sondern jedes Teammitglied hat das Recht, einen weiteren

Punkt hinzuzufügen. Gibt es zwei sich widersprechende Punkte, müssen diese ausdiskutiert werden. Nehmen Sie sich deshalb Zeit für ein Vorgespräch.

Bevor es nun losgehen kann, möchte ich noch kurz etwas zum ungewöhnlichen Aufbau dieses Kapitels sagen. Im Anschluß folgen die Übungen und Spiele, die Sie ins Thema einführen und es Ihnen leichter machen sollen, Ihr eigenes Bild vom Menschen zu reflektieren. Einige Tips und Gedanken für die begleitende und bei einem solchen Thema notwendige Elternarbeit folgen den Übungen. Gerade wenn es um das kindliche Erleben und Wahrnehmen des Körpers und somit zumindest indirekt um Sexualität geht, müssen die Eltern informiert und miteinbezogen werden.

Erst im Anschluß wird beschrieben, wie sich das Bild vom Kind und damit von der Erziehung in den letzten Jahrzehnten verändert hat und was Pädagogen und Psychologen heute unter einer präventiven Arbeit verstehen. Es ist sinnvoll, diese Seiten erst zu lesen, wenn Sie den Übungsteil abgeschlossen haben, damit Sie Ihren persönlichen Standpunkt finden können und nicht im Vorfeld beeinflußt werden.

Die Übungen sind in Einheiten von ca. 60–90 Minuten zusammengefaßt. Ich gehe davon aus, daß bei der vielen Arbeit für ein Team oft nicht mehr Zeit zur Verfügung steht. Außerdem ist eine gute und intensive Auseinandersetzung anstrengend, und das Kollegium sollte sich Zeit für die einzelnen Schritte und vor allem für die Gespräche untereinander nehmen.

Einführende Übungen für Erzieherinnen

ERSTE ARBEITSEINHEIT

Kinder sollen stark sein

Erzieherinnen:	zwei und mehr
Zeit:	15 Minuten
Material:	große Plakatwand, Flipchart oder ähnliches, für jede Kollegin ein Stift
Ort:	in einem ruhigen Raum

Kinder sollen stark sein, weil....

Auf der Plakatwand ist oben ein unvollständiger Satz aufgeschrieben: Kinder sollen stark sein, weil…

Mit „stark" ist nicht in erster Linie die körperliche Stärke gemeint, sondern vielmehr das Selbstbewußtsein eines Kindes mit Vertrauen in die eigenen Kompetenzen und in die Welt.

Alle Kolleginnen stehen vor dieser Wand und führen den Satz mit allem, was ihnen dazu einfällt, zu Ende. Es muß nicht alles ernst sein, es braucht auch nicht toll klingen, sondern es kommt darauf an, möglichst viele unterschiedliche Ideen aufzuschreiben.

Fällt niemandem mehr etwas ein, setzen sich die Erzieherinnen in einen Halbkreis vor die Wand. Nun tauschen sich die Kolleginnen aus, was sie gut finden, was sie anders sehen usw. Vielleicht gibt es auch Sätze, die gar nicht verstanden werden und einer Erklärung bedürfen.

Starkes Kind, bedürftiges Kind

Erzieherinnen: zwei und mehr
Zeit: 40 Minuten
Material: Papier und Stifte für jede Erzieherin, eine rote Dose, eine grüne Dose
Ort: in einem ruhigen Raum

Jede Erzieherin denkt an ein Kind aus der eigenen Einrichtung, das sie für sehr „stark" hält, und eines, von dem sie glaubt, daß dieses Kind noch viel Unterstützung braucht. Die Namen werden auf jeweils einen Zettel geschrieben. Die Zettel der „starken" Kinder werden in die grüne Dose gelegt, sie liegen sozusagen im grünen Bereich. Die anderen Zettel kommen in die rote Dose. Da ist Alarm angesagt.

Nun nehmen die Kolleginnen die grüne Dose und lesen die Zettel vor. Gibt es viele sich überschneidende Einschätzungen? Oder sind alle Kinder nur einmal vertreten? Wie sehen die Kolleginnen die Einschätzungen, stimmen sie dem zu? Haben die Kinder nur Stärken, oder gibt es auch Schwächen, die das Team nicht aus den Augen verlieren darf? Gibt es große Differenzen? Wenn ja, diskutieren Sie sie aus.

Danach wird mit der roten Dose genauso verfahren. Nur sollten die Erzieherinnen dabei im Gespräch herauskristallisieren, was bei dem einzelnen Kind besonders wichtig zu fördern wäre, d. h., in welchen Bereichen ihm in der nächsten Zeit besonders viele Angebote gemacht werden sollten. Wo sind die Stärken dieses Kindes, die ihm immer wieder erlebbar gemacht werden müssen, damit es sich auch stark fühlen kann?

Meine eigenen Stärken und Schwächen

Erzieherinnen: vier und mehr
Zeit: 20 Minuten
Material: Papier und Stifte, eine Dose
Ort: in einem ruhigen Raum

Jede Erzieherin bekommt vier Zettel. Auf den ersten Zettel schreibt sie ihren Namen und legt ihn anschließend für die anderen sichtbar auf ihren Platz. Auf den zweiten Zettel schreibt sie eine Schwäche von sich, unter der sie wirklich leidet. Die Schwäche sollte im Zusammenhang mit Beziehungen im privaten oder im Arbeitsbereich liegen. Der Zettel wird zusammengefaltet. Auf die anderen beiden Zettel schreibt sie je eine Stärke von sich auf, auf die sie wirklich stolz ist und die ihr im täglichen Leben auch weiterhilft. Auch diese Zettel werden zusammengelegt.

Alle Erzieherinnen werfen nun ihre Zettel, abgesehen von dem Namenszettel, in eine Dose und mischen sie gut durch. Dann zieht jede Kollegin drei Zettel und wirft, falls sie einen eigenen gezogen hat, diesen sofort zurück.

Nun überlegen sich alle für sich, wem sie die auf den Zetteln stehenden Stärken und Schwächen zuordnen würden. Sie müssen alle drei Zettel auf verschiedene Kolleginnen verteilen.

Sind alle mit ihren Überlegungen fertig, verteilen sie die Zettel gleichzeitig zu den entsprechenden Namenszetteln.

Jede Erzieherin hat nun etwas Zeit, sich die ihr zugesprochenen Zettel anzusehen. Sind eigene Stärken oder Schwächen dabei? Ist sie mit dem zufrieden, was sie bekommen hat? Stimmt vielleicht gar nicht, was auf einem oder mehreren Zetteln steht?

Nacheinander haben nun alle die Möglichkeit, einzelne Zettel in die Gruppe zurückzugeben. Dazu legen sie den Zettel in die Mitte des Tisches und begründen kurz, warum sie diese Stärke oder Schwäche nicht haben möchten. Das restliche Team hat nun die Gelegenheit, der betreffenden Kollegin ein kurzes Feedback zu geben und dem Zettel gegenüber Position zu beziehen.

Anschließend erklärt diejenige, die der Kollegin den Zettel zugeteilt hat, warum sie dachte, daß er passe. Will die Kollegin die Stärke oder Schwäche dann immer noch nicht annehmen, nimmt ihn die Erzieherin zurück, die ihn ursprünglich für sich geschrieben hatte.

ZWEITE ARBEITSEINHEIT

Positive Kinderbilder

Erzieherinnen: zwei und mehr
Zeit: 10 Minuten
Material: mehrere Fotos von Kindern in verschiedenen Situationen und mit unterschiedlichen Charakteren, Tagebücher, Stifte
Ort: in einem ruhigen Raum

Es stehen den Erzieherinnen viele unterschiedliche Bilder von Kindern zur Verfügung. Alle lassen sich viel Zeit und suchen sich ein Bild aus, von dem sie überzeugt sind, daß dieses Kind ihnen sympathisch wäre, wenn sie ihm begegnen würden. Jede Erzieherin schreibt in ihr Tagebuch, warum sie dieses Bild gewählt hat. Sie versucht zu beschreiben, wie dieses Kind wohl ist und was sie an ihm besonders schätzen würde.

Die Erzieherinnen behalten das gewählte Bild und tauschen sich *an diesem Punkt* und *während der nächsten Übungen* nicht aus.

Negative Kinderbilder

Erzieherinnen: zwei und mehr
Zeit: 10 Minuten
Material: mehrere Fotos von Kindern in verschiedenen Situationen und
mit unterschiedlichen Charakteren, Tagebücher, Stifte
Ort: in einem ruhigen Raum

Nun sucht sich jede Kollegin ein Bild von einem ihr unsympathischen
Kind. Im selben Verfahren wie oben werden über das Kind einige
Notizen gemacht.

Kinderwelten

Erzieherinnen: zwei und mehr
Zeit: 10 Minuten
Material: mehrere Fotos von Kindern in verschiedenen Situationen und
mit unterschiedlichen Charakteren, Tagebücher, Stifte
Ort: in einem ruhigen Raum

Wieder wird ein Kinderbild ausgesucht. Dieses Mal ist das Kriterium
die Welt dieses Kindes. Die Erzieherinnen suchen sich Bilder von Kindern heraus, von denen sie glauben, viel über ihr Leben phantasieren
zu können. Anschließend schreiben sie gute und schlechte Situationen in ihr Tagebuch, die dieses Kind schon erlebt haben könnte, und,
wenn es gelingt, wie dieses Kind lebt – in welcher Familie, an welchem
Ort usw.

Das Kind in mir

Erzieherinnen: zwei und mehr
Zeit: 10 Minuten
Material: mehrere Fotos von Kindern in verschiedenen Situationen und mit unterschiedlichen Charakteren, Tagebücher, Stifte,
Ort: in einem ruhigen Raum

Jede Erzieherin sucht ein Bild heraus, von dem sie glaubt, das Kind darauf ähnele dem Kind, das sie selbst einmal war. Ins Tagebuch schreibt sie die Gemeinsamkeiten, gute und schlechte Erlebnisse. Sie beschreibt im Anschluß daran auch, was sie voneinander unterscheidet.

Das Bild von dir

Erzieherinnen: zwei und mehr
Zeit: 15 Minuten
Material: mehrere Fotos von Kindern in verschiedenen Situationen und mit unterschiedlichen Charakteren, Tagebücher, Stifte, Papier
Ort: in einem ruhigen Raum

Die Kolleginnen schreiben ihren Namen auf ein Stück Papier. Diese Zettel werden gemischt, und jede Erzieherin zieht wieder einen Namen. Hat jemand den eigenen gezogen, wird er nochmals untergemischt. Die Erzieherinnen suchen nun ein Foto aus, von dem sie glauben, daß das Kind auf dem Bild Ähnlichkeiten mit der auf dem gezogenen Zettel genannten Kollegin habe.

Das Bild legen sie mit dem Namen auf einen Tisch. Sind alle fertig, holt sich jede Erzieherin das Bild mit ihrem Namen. Sie betrachtet es und schreibt in ihr Tagebuch, wo sie Gemeinsamkeiten finden kann und wo nicht.

In einem zweiten Schritt vergleicht sie das selbstgewählte Bild mit dem ihr zugesprochenen und sucht Gemeinsamkeiten und Differenzen. Sie hat damit eine Gelegenheit, die Selbst- und Fremdwahrnehmung ihrer Person zu vergleichen und zu überprüfen, inwieweit sie übereinstimmen.

Dabei ist es nicht wichtig, wie gut sich die Kolleginnen kennen, es geht gerade bei flüchtigen Bekanntschaften darum zu sehen: Was strahle ich aus? Wie will ich gesehen werden, und wie sehen mich andere?

Auswertung

Erzieherinnen:	zwei und mehr
Zeit:	20 Minuten
Material:	jede Erzieherin mit ihren Kinderbildern, Tagebücher, Stifte, Papier, Klebstoff, Reißzwecken
Ort:	in einem ruhigen Raum

Die fünf Kinderbilder der vorangegangenen Übungen legt jede Kollegin in der gezogenen Reihenfolge vor sich auf den Tisch. Sie versucht nun, Gemeinsamkeiten der Kinder herauszufinden und diese in ihr Tagebuch zu schreiben. Gibt es ein Thema, das vermutlich alle Kinder beschäftigt? Haben alle Kinder einen besonders fröhlichen oder traurigen Blick? Sind die Kinder alle in Bewegung, oder konzentrieren sie sich auf etwas ganz besonders? Sehen sie offen in die Welt, oder wirken sie verschlossen?

Wenn alle Erzieherinnen fertig sind, stehen sie auf und sehen sich in aller Ruhe die Bilder der anderen an.

Am besten ist es, wenn die Bilder in der gezogenen Reihenfolge mit dem Namen der Erzieherin versehen an die Wand gehängt werden. Es ist sinnvoll, sie auf ein Stück Papier zu kleben und mit einer kleinen Notiz am Rande zu versehen, die die Kriterien erklärt, mittels derer die Erzieherin das Bild herausgesucht hat. So stehen die Bilder beim nächsten Treffen wieder allen zur Verfügung.

Am Ende dieser Einheit sammeln alle Kolleginnen ihre Bilder wieder ein und sprechen über ihre Erfahrungen mit diesen Übungen, die wenig kommunikativ waren. Das wird in der nächsten Einheit jedoch anders werden, in der die Bilder noch im einzelnen besprochen werden.

DRITTE UND VIERTE ARBEITSEINHEIT

Kinderbilder Teil 2

Erzieherinnen: zwei und mehr
Zeit: 60–90 Minuten
Material: aufgeklebte Kinderbilder der zweiten Arbeitseinheit, Tagebücher, Stifte
Ort: in einem ruhigen Raum

Die Erzieherinnen beginnen damit, sich die Bilder der Kolleginnen noch einmal anzuschauen. Nun entscheiden sie, welche Kollegin zuerst ihre Bilder besprechen möchte und zu erzählen beginnt, was sie sich zu den einzelnen Bildern aufgeschrieben hat. Die Kolleginnen hören erst einmal nur zu und schreiben sich eventuell entstehende Fragen auf. Erst wenn die Erzählung zu Ende ist, können sie ihre Fragen stellen oder ihre Eindrücke aussprechen. Gemeinsam versucht das Team nun herauszufinden, ob in der Bilderfolge ein immer wieder vorkommender Aspekt verborgen liegt, der vielleicht mit der Stärke oder Schwäche der jeweiligen Erzieherin zu tun hat. Vielleicht findet sich etwas, was ihr selbst noch gar nicht bewußt war, eine Vorliebe für lebendige Kinder zum Beispiel, mit denen sie keine Schwierigkeiten hat, weil sie wilde und laute Kinderscharen als etwas Belebendes erlebt, oder ähnliches. Dieses Gespräch soll helfen herauszufinden, welche Eigenschaften die Kollegin an Kindern mag und welche sie nur schwer ertragen kann, damit sie im Arbeitsalltag in Zukunft bewußter damit umgehen kann. Es soll also niemand verletzt oder kritisiert werden, und jede Erzieherin achtet darauf, daß eine positive und einvernehmliche Atmosphäre herrscht.

Danach ist die nächste Erzieherin mit ihren Bildern an der Reihe. Je nachdem wieviele Kolleginnen im Team sind und wie lange die Gespräche dauern, brauchen Sie noch eine weitere Arbeitseinheit, um alle Bilderfolgen zu besprechen.

Es ist aber nützlich, wenn sie die Zeit für jede Erzieherin auf maximal 30 Minuten begrenzen und im Anschluß jeweils eine Pause machen.

FÜNFTE ARBEITSEINHEIT

Erzieherphrasen

Erzieherinnen: zwei und mehr
Zeit: 30 Minuten
Material: Zettel, Stifte, Stecknadeln, ein großes Plakat
Ort: in einem ruhigen Raum

Jede Erzieherin nimmt sich ein paar Zettel und schreibt Sprüche auf, die sie von ihren Eltern oder anderen Autoritäten kennt, z. B.: „Solange du an meinem Tisch sitzt, machst du, was ich sage!" oder „Bösen Kindern lese ich keine Geschichte vor", usw. Je mehr solcher Sprüche allen einfallen, desto besser.

Wenn alle Zettel geschrieben sind, setzt sich das Team vor ein großes Plakat. Gemeinsam überlegen die Kolleginnen nun, auf welchen Ebenen Kinder mit solchen Sprüchen verletzt werden können. Unter anderem könnten Selbstvertrauen, Fremdvertrauen, Neugier, Sicherheit und vieles mehr genannt werden. Die Kolleginnen einigen sich auf acht Aspekte.

Das Plakat wird mit einem Stift in acht Rechtecke unterteilt, und in jedes Rechteck wird eine der vorher bestimmten Ebenen geschrieben. Nun nimmt das Team eine „Erzieherphrase" nach der anderen und ordnet sie den unterschiedlichen Ebenen zu. Es wird sich bald herausstellen, daß die Sprüche unterschiedliche Menschen an unterschiedlichen Stellen treffen. In diesem Fall muß der Spruch nochmals abgeschrieben und in die jeweils zutreffenden Flächen mit einer Nadel befestigt werden.

Positive Unterstützung

Erzieherinnen:	zwei und mehr
Zeit:	10 Minuten
Material:	ein Ball
Ort:	in einem ruhigen Raum

Die Erzieherinnen stellen sich in einen Kreis. Eine Kollegin beginnt. Sie nennt eine „Erzieherphrase" und wirft den Ball weiter. Die Kollegin, die den Ball gefangen hat, versucht nun, dieselbe Aussage so zu formulieren, daß sich kein Kind verletzt fühlt. Dann nennt sie eine neue Phrase und wirft den Ball weiter.

Autoritätsbilder

Erzieherinnen: zwei und mehr
Zeit: 15 Minuten für jede Kollegin
Material: keines
Ort: in einem ruhigen Raum

Zwei Erzieherinnen sitzen sich gegenüber, während ihre Kolleginnen einen Kreis um sie bilden. Zuvor wurde im Team ein konfliktreiches Thema festgelegt, das die beiden Erzieherinnen in einer Art Streitgespräch behandeln sollen. Dazu spielt die eine der beiden die Vorgesetzte der Kita, gemeint ist damit nicht die Kitaleiterin, sondern die Vertreterin des Trägers.

Sie und ihr Gegenüber beginnen ein Streitgespräch zu diesem Thema. Die anderen Kolleginnen beobachten nur und mischen sich nicht ein. Wenn das Gespräch sich im Kreis zu drehen beginnt, wird abgebrochen.

Im Anschluß erzählen zuerst die beiden Darstellerinnen, wie es ihnen ergangen ist und welche Bilder hervorgerufen wurden, die sie an andere Situationen erinnerten, in denen sie mit einer Autoritätsperson in Konflikt geraten waren. Sind ähnliche oder verwandte Verhaltensweisen heute noch zu spüren?

Anschließend erzählen die Kolleginnen, was sie beobachten konnten und was ihnen besonders aufgefallen ist. Danach sind die nächsten beiden Kolleginnen an der Reihe.

SECHSTE ARBEITSEINHEIT

Wer bin ich denn heute?

Erzieherinnen: zwei und mehr
Zeit: 90 Minuten
Material: Tagebücher, Stifte
Ort: in einem ruhigen Raum

Die Erzieherinnen setzen sich für sich und beginnen, in aller Ruhe und mit viel Zeit in ihrem Tagebuch die folgenden Fragen zu beantworten. Wenn das Team dabei entspannende Musik hören möchte, ist das möglich.

— Was habe ich als Kind für Träume und Ziele gehabt?
— Was habe ich davon erreicht?
— Wie habe ich es erreicht?
— Wie entwickle ich heute meine Lebenspläne, unterscheidet sich die Form von früher?
— Welche Werte und Normen sind mir heute wichtig, wie weit kann ich das Erfüllen dieser Normen auch von anderen Menschen und Kindern erwarten?
— Bin ich eine gute Erzieherin, entspreche ich den Erwartungen, die ich an Kolleginnen habe?
— Bin ich sicher in meinem eigenen Erzieherinnenverhalten, tauge ich als Modell?
— Wie gut entwickelt ist mein Selbstwertgefühl, wer oder was hat mir geholfen, es zu entwickeln?
— Wie steht es mit meiner Handlungskompetenz im Hinblick auf die vielen kleinen Individualisten, mit denen ich umgehe?
— Bin ich entspannungs- und genußfähig, kann ich mir ein erfülltes Leben gönnen und es gestalten?
— Bin ich konfliktfähig?
— Schlucke ich zuviel Ärger hinunter? Brause ich schnell auf?
— Spüren Kinder häufig meine kleinen und unterdrückten Gefühle, weil es mit schwer fällt, sie auszusprechen? Oder kann ich Kindern sagen, wenn ich sie bewundere, sie mag, mich über sie ärgere oder unsicher bin?

Wenn alle Kolleginnen die Fragen für sich beantwortet haben, setzen sie sich in einen Kreis und sprechen über die Antworten. Welche Fragen waren besonders schwer? Wem ist sofort ein passendes Ereignis eingefallen? Hat eine Kollegin eine konkrete Frage, zu der sie gerne von den anderen noch eine Antwort hören möchte?

Diskutieren Sie Themen, bei denen Sie sich unsicher sind. Fragen Sie Ihre Kolleginnen, ob diese sie in der Arbeit so erleben, wie sie zu sein glauben.

Es geht hierbei einmal mehr darum, sich gegenseitig zu unterstützen und mit dem Thema in einer positiven Weise auseinanderzusetzen.

Elternarbeit und -information

Eltern brauchen Informationen, um zu erkennen, daß starke Kinder ein Gewinn sind. Sie brauchen Stärkung und Begleitung, um neue Handlungskompetenzen zu erlernen. Auch sie müssen die Möglichkeit haben, sich mit ihrem Bild von Kindern auseinandersetzen zu können. Und sie müssen vorbereitet sein, wenn ihr Kind nach Hause kommt und erzählt, daß im Kindergarten gerade über Gewalterfahrungen von Kindern gesprochen wird oder sie Spiele machen, die die frühkindliche Sexualität behandeln.

Im Verlauf der Arbeit mit diesem Buch werden Sie sehen, daß bei den Kindern eine ganze Menge an Denkprozessen angestoßen wird. Diese werden die Kinder immer wieder auch zu Hause besprechen wollen. Um bei ihnen nicht große Verunsicherung auszulösen, sollten Sie sich mit den Eltern immer wieder zusammensetzen und mit ihnen die Inhalte der Kita-Arbeit besprechen. So können Eltern Probleme ansprechen und möglichen Druck an der richtigen Stelle, nämlich bei den Erzieherinnen, ablassen und brauchen ihn nicht auf die Kinder auszuüben.

Mütter und Väter müssen in die Präventionsmaßnahmen einbezogen werden. Letztere glänzen in Erziehungsfragen auch heute noch oft durch Abwesenheit, und es gilt, sie für ihre Rolle als Vater zu sensibilisieren und ihnen damit ihre Verantwortung, aber auch die Freude an der Erziehung bewußt zu machen.

Elternarbeit hat in diesem Zusammenhang das Ziel, beide Elternteile zu einer Auseinandersetzung mit ihrer Geschlechterrolle, ihrer Sexualität, ihren Aggressionen, ihrem offenen und versteckten Suchtverhalten, ihrem Menschenbild und ihrer Verantwortung in der Übernahme von Erziehungsaufgaben zu ermutigen. Mütter gilt es dabei allzu häufig zu stärken, ihnen Mut zu machen, unabhängiger, freier und selbständiger zu werden. Sie müssen sich mit der Möglichkeit auseinandersetzen, daß jemand ihren Kindern sexuelle, körperliche oder psychische Gewalt antut. Prävention heißt auch, Frauen darin zu unterstützen, daß sie sich von eventuell existierender innerfamiliärer Gewalt abgrenzen, diese beenden und sich für ihr Kind und letztendlich auch für sich entscheiden.

Auch in Suchtfamilien leiden Kinder häufig unter Vernachlässigung oder Gewalt, hier müssen im Rahmen der Prävention klare Entscheidungen unterstützt werden.

Im Grunde ist jede Elternarbeit Prävention. Denn es geht immer um ein Überdenken des eigenen Erziehungsstils.

Die konkrete Gestaltung der Elternarbeit kann dabei unterschiedlich aussehen. Es gibt die Möglichkeit, Informationsmaterial zugänglich zu machen, um zu signalisieren, daß hier ein Ort ist, an dem über Gewalt oder Sucht gesprochen werden darf. Es können Informationsabende oder Fortbildungstage angeboten werden, entweder direkt über die Erzieherinnen oder über Referentinnen. Es gibt die Möglichkeit, Beratungsstellen um eine Zusammenarbeit zu bitten. Eltern können über das Geschehen im Kindergarten mittels eines Infoblattes oder einer Zeitschrift informiert werden.

Wichtig dabei ist, daß es einen Kontakt zwischen Erzieherinnen und Eltern gibt, der einen wirklichen Austausch ermöglicht. Dazu gehört die Möglichkeit, Ängste anzusprechen, Fragen zu stellen und die Arbeit auch einmal hinterfragen zu dürfen.

Präventionsarbeit als ganzheitliche Erziehung

> Kinder können nicht immer tun, was sie wollen,
> aber sie müssen immer das wollen, was sie tun.
> *Jean Piaget*

Bis vor 30 Jahren ging die Pädagogik davon aus, daß die Umwelt und Erziehung einen Menschen zu dem mache, was er später einmal sein würde. Der Behaviorismus, wie diese Denkrichtung genannt wird, klammert das eigene Bewußtsein des Kindes aus. Das Kind wird als ein unfertiges, defizitäres Wesen verstanden, das nach den Bedürfnissen der Eltern und der Gesellschaft geformt werden muß. Das Augenmerk der Pädagogen dieser Richtung lag nicht auf den selbstentwickelten, inneren Kompetenzen der Kinder, sondern lediglich auf den Lernerfolgen, die äußerlich zu messen waren. Auf dieser Grundlage entstand die Idee der Vorschule. Die Erwachsenen hielten sich für allein zuständig für die kognitive und feinmotorische Entwicklung der Kinder, die nur durch Training der Fähigkeiten (Verhalten) zu verbessern waren. Dem Kind wurde dabei keine Eigeninitiative zugestanden, sondern die Pädagogen gingen davon aus, daß alle Entwicklung des Kindes von außen geleitet sein müsse.

Das Bild hat sich inzwischen sehr verändert. Kinder werden heute als vollständige Wesen gesehen, die sich die Welt aus eigenem Antrieb heraus erobern wollen. Das heißt, ein Kind bringt alle Anlagen zum Leben mit auf die Welt, und es ist voller Energie, um die eigene Entwicklung immer wieder voranzutreiben. Die Umwelt kann die einzelnen Entwicklungsschritte hemmen oder fördern, sie aber nie und nimmer unterbinden.

Erwachsene und insbesondere Erzieherinnen werden so zu Menschen, die unterstützen, nicht mehr und nicht weniger. Diese Rolle ist sehr verantwortungsvoll, da die Entwicklung individuell unterschiedlich verläuft und Erzieherinnen auf jedes einzelne Kind speziell eingehen müssen.

Damit haben sich die Rollen der Erzieherinnen und Eltern und ihr Verhalten grundlegend verändert. Sie haben nun nicht mehr das Lernziel im Blick, sondern begleiten den Weg des Kindes – ganz gemäß dem buddhistischen Motto: *Der Weg ist das Ziel.*

Es geht nicht mehr darum, einem Kind innerhalb einer bestimmten Zeit etwas beizubringen, sondern ihm zu vertrauen, daß es einen Lernschritt nach dem anderen machen wird. Dabei werden unterschiedliche Themen zu verschiedenen Zeiten wichtig. Selina z. B. will im letzten Kindergartenjahr bereits die Zahlen bis 20 erobern, während Max in derselben Zeit ausschließlich mit dem Ziehen von Salat, Kräutern und Mohrrüben beschäftigt ist. Beides darf sein! Selina wird mit Sicherheit zu der ihr angemessenen Zeit den Garten für sich entdecken, und auch Max wird das Rechnen lernen.

Es gilt, Kindern einen Vertrauensvorschub und ein großes Stück Verantwortung zu geben, ihnen ihr Tempo zu lassen und ihnen zuzugestehen, daß sie selbst allein am besten wissen, was sie brauchen und was ihnen gut tut. Wenn Kinder sich in den ersten sechs Jahren frei und in Liebe und Geborgenheit entwickeln können, haben sie gute Voraussetzungen für eine gesunde weitere Entwicklung.

Wenn später schwierige Zeiten kommen, haben sie in sich eine Stärke und Zufriedenheit entwickelt, die ihnen niemand und nichts mehr nehmen kann. Die Erinnerung an eine glückliche Zeit trägt sie auch durch Krisen.

Voraussetzung hierfür ist eine gute Beziehung zu den Vertrauenspersonen. Das sind in den ersten Jahren in der Regel die Eltern, die Geschwister, manchmal noch die Erzieherin. Kleine Kinder brauchen nicht viele Beziehungen. Wichtiger sind stabile, konstante Partner und Partnerinnen, die verläßlich und offen für Veränderungen im Kind sind.

Wenn Eltern und Erzieherinnen davon überzeugt sind, daß Kinder sich selbst holen und aneignen, was sie brauchen, muß die Angst vor einem möglichen Verwöhnen nicht so groß sein, denn jedes Kind kommt zu seinem eigenen Zeitpunkt an den Punkt, an dem es beginnt, selbständig zu werden. Wenn Erwachsene diesen Moment sensibel beobachten und die Kinder in Liebe aus der Symbiose entlassen, wird sich das Kind selbst aus dem behüteten Leben befreien. Es kann dann auf jeden einzelnen selbstgemachten Schritt stolz sein!

Ein Kind, das den eigenen Bedürfnissen nach Nähe und Distanz nachkommen kann, wird sich die Welt als Ganzes erobern können, weil es wählen darf, mit was es sich gerade beschäftigt. Es ist nicht an den Gefühlen der Erwachsenen orientiert, ist nicht ständig halb bei ihnen, um zu erspüren, ob es das nun machen darf oder nicht. Es kann seine Konzentration auf das richten, was ihm gerade wichtig erscheint. Es gibt soviel, das Kinder entdecken müssen, um sich diese Welt vertraut zu machen. Kinder nehmen dazu mit allem Beziehung auf. Sie sprechen mit dem Teddy, mit dem Stuhl, einer Blume oder Raupe auf dem Weg. Alles wird betrachtet, befühlt, untersucht. Kinder versuchen, sich in die emotionale Welt der Dinge einzufühlen. Das ist eine wichtige Voraussetzung zum späteren Erlernen von Emphatie, dem Einfühlen in andere Menschen. Es hilft einem Kind gar nichts, wenn Erwachsene ihm sagen, daß eine Blume keine Ohren habe und deshalb gar nichts hören könne (Wieso sind die Erwachsenen sich da so sicher?) – im Gegenteil, es hemmt das Kind in seinem Forscherdrang.

Wir Erwachsenen haben uns ein Bild von dieser Welt gemacht, wir sehen sie mit unseren Augen, und wir können die Motivationen des Handelns der Kinder nicht mit unseren vergleichen. Kinder, die immer wieder auf ihre „Dummheit" hingewiesen werden, beginnen, ihre Bedürfnisse nach den Erwachsenen auszurichten. Das hat fatale Folgen, weil Kinder dann ihre eigenen Bedürfnisse schnell nicht mehr spüren können, sie wissen irgendwann gar nicht mehr, daß sie welche haben. Im Kleinkindalter fällt das meist nicht sehr auf, erscheinen diese Kinder doch wohlerzogen und brav. Wenn diese Kinder allerdings irgendwann weiterreichende Entscheidungen treffen sollen, stehen sie vor dem emotionalen Nichts. Sie haben kein Gespür dafür, was ihnen Spaß machen könnte, wo ihre Kompetenzen wirklich liegen. Ihre eigene Kreativität wurde so früh gestoppt, daß sie den eigenen Antrieb, für sich etwas zu entwickeln, verloren haben. Sie waren bis zu diesem Zeitpunkt im Grunde fremdbestimmt und haben nicht gelernt, aus eigenem Antrieb heraus Schwierigkeiten zu bewältigen. Die Gefahr, sich dann eine neue Möglichkeit der Fremdbestimmung zu suchen, ist groß. Diese Fremdbestimmung kann sich in Form von Sekten, Drogen oder Abhängigkeit von einem Menschen äußern.

Größere Chancen haben Kinder, die aus ihrem eigenen Unglück heraus Auffälligkeiten entwickeln. Auffälligkeiten sind Symptome, deren Ursache tief in einem Kind liegen. Ein Kind, das mit einem bestimmten Verhalten auffällt, zeigt den Erwachsenen damit, daß sein inneres Gleichgewicht gestört ist. Es fehlt etwas, es ist überfordert, oder es fühlt sich nicht wohl in der eigenen Haut. Da können Erwachsene dem Kind mit Strafe die Auffälligkeit abgewöhnen, die Ursache wird sich aber einen neuen Weg suchen, um auf sich aufmerksam zu machen.

So muß eine Erzieherin sich überlegen, was das Kind mit einer Auffälligkeit ausdrücken will. Ist ein Kind ständig in Bewegung, braust schnell auf und bricht immer wieder aus, so scheint etwas in ihm eingesperrt zu sein, etwas, das sich befreien will. Erzieherinnen kommen der Ursache am besten auf die Spur, wenn sie versuchen, das Verhalten zu übersetzen. Ein Kind, das sich nicht daran halten kann, daß manche Dinge anderen gehören, hat vielleicht das Gefühl, zu kurz zu kommen. Erwachsene müssen behutsam herausfinden, an welcher Stelle dieses Kind zu kurz kommt, was sie ihm geben müssen, daß es fühlt: Ich habe genug, ich brauche den andern nichts wegnehmen, um zufrieden zu sein.

Häufig sind Auffälligkeiten einfach ein Zeichen dafür, daß sich ein Kind nicht verstanden fühlt. In dem Beispiel im ersten Kapitel dieses Buches hat die kleine Sandra am Herd kochen wollen. Kommt ein Erwachsener hinzu, der sofort laut zu schimpfen beginnt, Sandra vom Herd wegzerrt und ihr womöglich noch einen Klaps auf den Po gibt, muß Sandra einfach verstört sein. Sie sieht jeden Tag, wie Erwachsene am Herd stehen und kochen. Sie möchte es ihnen nachmachen und sieht keinen Zusammenhang mit ihrem guten Willen und der harten Bestrafung, die darauf folgt. Was sie erlebt und in sich speichert, ist, daß Erwachsene stärker und überlegen sind (wegziehen und hauen), willkürlich handeln (der Papa darf, ich nicht) und daß sie Regeln (nicht an den Herd zu gehen) nicht zu verstehen braucht: Es gibt sie einfach. Kinder, die immer wieder solche Erlebnisse haben, werden sich bald nicht mehr trauen, ihren eigenen Impulsen nachzugeben, sie verlieren das Vertrauen in sich und in die Erwachsenen. Sie müssen die Wut, die sich dadurch in ihnen anstaut, an einer anderen Stelle wieder loswerden. So könnte Sandra einer Freundin ohne Vorwarnung die Puppe entreißen und sie schlagen, weil sie gelernt hat, daß sich der Stärkere in dieser Art und Weise durchsetzt.

Erwachsene müssen immer wieder überprüfen, in welcher Weise sie Kindern Grenzen setzen. Sinnvoller als schlichte Verbote ist es z.B., Kindern in Ruhe zu erklären und auch praktisch zu zeigen, warum bestimmte Tätigkeiten gefährlich sind. Fühlt sich nicht die Schale eines Apfels fester an als die Haut? Und wie leicht läßt sich ein Apfel schneiden? Also muß ein Kind mit dem Messer sehr vorsichtig sein. Das sind Gedankengänge, die ein Kind verstehen und akzeptieren kann. Es spürt in einem solchen Gespräch die wirkliche Sorge des Erwachsenen und hat nun die Möglichkeit, mit diesem die Regeln für den Umgang mit einem Messer auszuhandeln. Es kann die eigenen

Fertigkeiten im Umgang mit einem Messer benennen und für sich selbst eine Einschätzung finden, wo und wann es mit dem Messer arbeiten darf. Kinder, die ihre Regeln selbst mit aufstellen, haben eine große Bereitschaft, sich auch an diese zu halten, wenn es ihnen offensteht, zu einem späteren Zeitpunkt mit den Eltern neue Regeln, die dann angebracht sind, zu entwickeln.

Die eigene Identität entwickelt und verändert sich ein ganzes Leben lang. Ein wesentlicher Bestandteil dieser Entwicklung ist die Geschlechtsidentität. Noch immer werden Jungen in vielen Fällen bevorzugt und bekommen mehr Aufmerksamkeit als Mädchen. Auch grassieren immer noch althergebrachte Rollenmuster von Mädchen und Jungen, von Männern und Frauen in unserer Gesellschaft.

Es wird Zeit, mit solchen Vorurteilen aufzuräumen. Kinder sollten die Chance bekommen, ihren eigenen Weg zu wählen. Sie müssen selbst entscheiden können, welche Form von Frausein oder Mannsein für sie richtig ist. Dafür brauchen sie Spielraum, um sich auszuprobieren. Diskussionen sind notwendig, bei denen sie sich mit den eigenen Rollenbildern auseinandersetzen können. Dazu aber müssen zuerst die Erwachsenen ihre eigenen Rollenbilder überprüfen und dafür offen werden, daß andere Menschen andere Wege gehen.

Wenn Kinder ihre eigene Sexualität und ihr eigenes Rollenbild mit dieser Offenheit entdecken dürfen, werden sie ihren eigenen, zu ihnen passenden Weg finden und dabei glücklich sein.

Das bedeutet, daß Erwachsene Kindern nicht im Vorfeld schon eigene Erfahrungen oder Vermutungen bezüglich der Geschlechterrolle aufdrängen. Mädchen werden z. B. schon sehr früh durch die Ansprüche verunsichert, die sich zum Teil widersprechen und die sich an ihren eigenen Körpern festmachen. Einerseits haben sie attraktiv und adrett gekleidet zu sein, andererseits sind sie per se gefährdet. Deshalb ist es wiederum besser, sich unauffälliger zu kleiden. Lieber nicht auch noch provozieren! Diese Diskrepanz zwischen Anforderung und Gefährdung ist nicht lösbar. Hinzu kommt, daß Mädchen wesentlich stärker beschützt werden, was das Erleben und Erlernen der Fähigkeit, sich selbst zu schützen, erschwert.

Mädchen sollen perfekt funktionieren, große soziale Kompetenzen entwickeln, das emotionale Klima ihrer Umgebung positiv beeinflussen, für das Wohl der Familie zuständig sein, schulisch und beruflich Erfolg haben, selbstbewußt und emanzipiert handeln, sich den jeweiligen Situationen anpassen und alle sich widersprechenden Forderungen spielend meistern. Sie lernen, auf die Bedürfnisse von anderen einzugehen, die eigenen Bedürfnisse nicht so wichtig zu nehmen und damit der eigenen Intuition nicht zu vertrauen. Dadurch erhöht sich die Abhängigkeit von anderen Menschen: Wenn ein Mädchen die eigenen Bedürfnisse nicht selbst befriedigen kann, dann sind die anderen Menschen ihre einzige Hoffnung und Möglichkeit, diese Wünsche doch noch erfüllt zu bekommen.

Jungen hingegen werden in der Familie oft immer noch höher bewertet und ihre Wünsche wie bei kleinen Prinzen immer erfüllt. Mädchen haben es schwer, in einer so strukturierten Familie (Frauen geben alles, Männer nehmen alles) ein eigenes Selbstwertgefühl (ich bin es wert, etwas zu bekommen) zu entwickeln.

Jungen dürfen oft mehr toben und lauter sein als Mädchen, weil es in unseren Köpfen immer noch das Bild von der männlichen Identität gibt, von dem wilden, ungezähmten Mann, der, um in seiner Welt bestehen zu können, Kraft, Ausdauer und eine tiefe, laute Stimme haben muß.

Selbst wenn wir bereit sind, von den Jungen und Mädchen dasselbe zu fordern, gibt es genügend Situationen, in denen Jungen lernen, daß Männer in Berufen, Büchern, Filmen und Liedern mit Heldentum behaftet sind. Auf der Suche nach der eigenen männlichen Identität werden diese Vorbilder natürlich im Spiel nachgeahmt und als Rollenmuster übernommen. Die Heldinnen in der Kinder- und Jugendliteratur holen allerdings auf. Allen voran Ronja Räubertochter von Astrid Lindgren.

Dazu kommen mit Sicherheit geschlechtsspezifische Verhaltensweisen. So reagieren Jungen auf Schwierigkeiten schneller mit Auffälligkeiten und Aggression. Sie gehen damit das Problem aktiv an und sind schnell dabei, die „Werkzeugkiste" zu holen, um den „Schaden" zu reparieren.

Mädchen hingegen ziehen sich eher in sich zurück und laufen leichter Gefahr, Probleme zu kompensieren. Sie überprüfen verschiedene Lösungen, wägen ab und nähern sich erst langsam einer Strategie, wie sie das Problem bewältigen wollen.

Das bedeutet, daß Erzieherinnen Jungen immer wieder etwas bremsen müssen, erst einmal zu überlegen und dann erst zu handeln. Mädchen hingegen muß Mut gemacht werden, auch einmal spontan reagieren zu können. Das bedeutet nicht, daß die Handlungsstrategien von Jungen und Mädchen umgedreht werden sollen, sondern daß mit der Zeit beiden Geschlechtern beide Lösungskompetenzen zur Verfügung stehen.

„Kinder stark machen" – was leicht klingt, ist, das dürfte in den vorangegangenen Ausführungen deutlich geworden sein, das Zusammenwirken einer Vielzahl von Faktoren. In den folgenden Spielen und Übungen geht es darum, an diesen verschiedenen Punkten anzusetzen und Kinder spielerisch zu stärken – sei es gegen Übergriffe anderer oder jede Form von Autoaggression.

2. Wer sich in seiner Haut wohlfühlt, kann sicherer auftreten

Kinder sollen ihren Körper kennenlernen

Kinder haben oft diffuse Vorstellungen von ihrem Körper und von dem der anderen. Sie schnappen Wörter auf, die Erwachsene häufig nicht gerne hören, weil sie sie mit „schmutzigen" Sachen verbinden. Dabei ist den Kindern die Bedeutung vor allem des sexualisierten Sprachjargons häufig nicht bekannt. Gerade im sexuellen Bereich gibt es eine Menge unterschiedlicher Wörter, und innerhalb jeder Familie gelten andere Normen, welche Wörter benutzt werden dürfen. So „knutschen" manche Kinder ihre Väter, und andere „küssen", obwohl beide Kinder dasselbe machen.

Um sich im eigenen Körper wohl zu fühlen und beim Sprechen darüber andere Menschen nicht zu verschrecken, lernen die Kinder in diesem Kapitel spielerisch etwas über den Körper von Mann und Frau, über Gesundheit und über Wörter, die sie bisher noch gar nicht verstanden haben.

Sexualität in der Kita ist eine sensible Angelegenheit. Viele Eltern haben Angst, ihre Kinder seien für dieses Thema zu klein. Doch nur, wenn Kinder aufgeklärt sind, können sie auch wissen, was sie in Beziehungen wollen und was nicht. Richtschnur dabei müssen aber die Fragen der Kinder selbst sein. Die Spiele in diesem Kapitel geben eine kleine Einführung in das Thema. Wenn Kinder darüber hinaus noch weitere Fragen haben, sollten die Erzieherinnen ihnen genau diese beantworten. Den Kindern weiteres Wissen aufzuzwingen würde bedeuten, ihnen nicht das Recht zu lassen, ihren Lernstoff selbst zu bestimmen.

Ich sehe was, und das heißt so

Spieler/innen:	zwei und mehr
Alter:	ab 3 Jahren
Zeit:	5 Minuten
Material:	die gemalten Körperbilder
Ort:	in einem ruhigen Raum

Ein Kind beginnt, sucht sich ein Körperteil aus und beschreibt es, ohne den Namen zu nennen. Zum Beispiel: „Ich sehe etwas, das sieht aus wie eine Muschel." Das Kind, das als erstes „Ohr" ruft, darf sich ein neues Körperteil heraussuchen.

Wie ich meinem Körper helfe, gesund zu bleiben

Spieler/innen:	zwei und mehr
Alter:	ab 3 Jahren
Zeit:	10 Minuten
Material:	keines
Ort:	in einem ruhigen Raum

Die Kinder stehen verteilt im Raum. Ein Kind beginnt und sagt etwas, was dem Körper gut oder nicht gut tut. Die anderen Kinder entscheiden jedes für sich: Sagt das Kind etwas, was dem Körper gut tut, laufen alle zu dem Kind und versuchen, es zu berühren. Es wählt dann ein neues Kind aus, das dieses Mal vielleicht etwas sagt, was dem Körper nicht gut tut. Nun laufen alle weg und schreien: „Ihhhh". Das Kind, das den Satz geäußert hat, versucht nun schnell ein anderes zu fangen, das im Anschluß an der Reihe ist.

Die guten ins Häuschen...

Spieler/innen:	zwei und mehr
Alter:	ab 3 Jahren
Zeit:	5 Minuten
Material:	Bildkärtchen mit aufgemalten Dingen, die dem Körper gut tun, und mit Dingen, die dem Körper nicht gut tun. Ein gebasteltes Haus mit offenem Dach, eine Mülltonne aus Karton, die offen ist
Ort:	in einem ruhigen Raum

Die Kinder bekleben vor dem Spiel die Karten gemeinsam mit Abbildungen, die sie in Zeitschriften und Katalogen gefunden haben. Beim ersten Mal setzen sich alle Kinder in einen Kreis, in dessen Mitte das Haus und die Mülltonne stehen. Die Erzieherin zeigt die erste Karte und erzählt, was darauf abgebildet ist. Das Kind, das zuerst sagt, ob das dem Körper gut tut oder nicht, darf das Kärtchen ins Haus oder in den Müll werfen. Allerdings muß es mit Hilfe der anderen auch erklären, warum das so ist. Beispiel: Küssen ist gut, weil Menschen sich dabei wohl fühlen, Schnaps ist schlecht, weil er abhängig macht und die Wahrnehmung verändert. Danach kommt die nächste Karte an die Reihe.

In Zukunft können die Kinder allein oder zu zweit die Kärtchen immer wieder dem Haus oder der Mülltonne zuordnen. Die Kinder können sich auch gegenseitig Kärtchen aussuchen, die dann das andere Kind zuordnen muß.

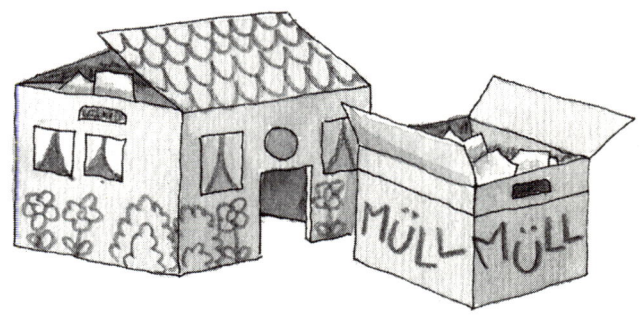

Liebe Gewohnheiten

Spieler/innen:	zwei und mehr
Alter:	ab 4 Jahren
Zeit:	10 Minuten
Material:	keines
Ort:	in einem ruhigen Raum

Kinder fangen früh an, sich bestimmte Gewohnheiten anzuziehen. So kann ein Kind zum Beispiel nur mit der Flasche Auto fahren, mit der Flasche einschlafen, nur mit einer laufenden Kassette allein im Zimmer spielen und so weiter. Hierbei handelt es sich um dieselben Phänomene, die Erwachsenen bei Suchtverhalten zeigen. Deshalb ist es notwendig, mit den Kindern diese Gewohnheiten zu besprechen und ihnen das Suchtverhalten daran deutlich zu machen.

Die Kinder setzen sich mit der Erzieherin in einen Kreis und besprechen Gwohnheiten, die sie haben und die vielleicht nicht immer gut sind. Ein Kind, das zum Einschlafen z.B. immer Kakao braucht, schädigt eindeutig die Zähne. Sicher wissen einige Kinder schon, warum das für die Zähne nicht gut ist und können sich gegenseitig beim Erklären helfen. Anschließend können die Kinder gemeinsam überlegen, wie sich Kinder, die zum Einschlafen Kakao brauchen, das langsam und behutsam abgewöhnen können. Vielleicht nehmen sie erst einmal einen ungesüßten Tee? Nach einigen Wochen setzt sich die Erzieherin nochmals mit den Kindern zusammen, und sie sprechen über die Erfolge oder Schwierigkeiten, die das Aufgeben von solchen Gewohnheiten mit sich bringt. Die Kinder können sich zur Unterstützung auch Rituale einfallen lassen, die ihnen helfen. Zum Beispiel können Bilder von Schnullern, Kakaoflaschen, Kassetten usw. verbrannt werden, als Zeichen, daß sie nicht mehr gebraucht werden. Die Kinder können Zaubersteine bekommen, die sie immer in der Hosentasche tragen. Die Steine sollen sie daran erinnern, daß sie etwas aufgeben wollen, und locken die Kraft aus den Kindern heraus, daß sie das auch schaffen.

Wenn ich fröhlich bin...

Spieler/innen:	zwei und mehr
Alter:	ab 4 Jahren
Zeit:	10 Minuten
Material:	Angefangene Sätze, die die Erzieherin vorbereitet hat, ein Ball
Ort:	in einem ruhigen Raum

Die Kinder sitzen in einem Kreis. Die Erzieherin wirft den Ball einem Kind zu und beginnt einen Satz, den das Kind dann vervollständigen soll. Hat das Kind den Satz fortgeführt, wirft es den Ball weiter, und die Erzieherin beginnt den nächsten. Mögliche Anfänge sind:

- Wenn ich fröhlich bin…
- Wenn ich glücklich bin…
- Wenn ich schlecht gelaunt bin…
- Wenn es mir langweilig ist…
- Wenn ich eine Wut habe…
- Wenn ich Hunger auf etwas Süßes habe…
- Wenn ich stolz auf mich bin…
- Wenn ich müde bin…
- Wenn ich Angst habe…
- Wenn ich enttäuscht bin…
- Wenn ich eifersüchtig bin…
- Wenn ich ein Abenteuer erleben will…
- Wenn ich traurig bin…
- Wenn ich mich schäme…

Ich fühl' mich wohl in meiner Haut

Spieler/innen:	zwei und mehr
Alter:	ab 4 Jahren
Zeit:	10 Minuten
Material:	keines
Ort:	in einem ruhigen Raum

Die Kinder sitzen im Kreis und erzählen, wie es sich anfühlt, wenn sie sich gut fühlen. Im Anschluß daran erzählen sie, was passieren kann, wenn sie sich schlecht fühlen. Wie nennen sie das? Fühlen sie sich krank, ist ihnen komisch, fahren sie aus der Haut usw.? Wo liegen die Unterschiede der Sätze? Ist es einem Kind komisch, weil es Magenbeschwerden hat oder weil die Seele krankt? Fährt jemand aus der Haut, weil sie juckt oder weil das Kind soviel Wut hat?

Die Kinder sprechen darüber, wie sie manche Dinge umschreiben und was sie damit eigentlich meinen. Sie versuchen gemeinsam herauszufinden, daß es notwendig ist, sich in bezug auf Gefühle und Körper in der eigenen Haut wohlzufühlen.

Kuß ist nicht gleich Kuß

Spieler/innen: zwei und mehr
Alter: ab 4 Jahren
Zeit: 10 Minuten
Material: keines
Ort: in einem ruhigen Raum

Die Kinder sitzen im Kreis und erzählen erst einmal, was sie für Küsse kennen. Es gibt nasse Küsse, kurze Küsse, Zungenküsse, schöne Küsse, erlaubte Küsse, gestohlene Küsse und so weiter. Die Erzieherin stellt anschließend unterschiedliche Fragen, je nachdem wie intensiv sich das Gespräch entwickelt:

– „Welche Küsse habt ihr am liebsten?"
– „Wen zu küssen macht am meisten Spaß?"
– „Wen küßt ihr gar nicht gerne?"
– „Habt ihr euch schon mal einen Kuß gestohlen?"
– „Wurde euch schon mal ein Kuß gestohlen? War das schlimm?"
– „Habt ihr schon einmal jemandem gesagt, daß ihr ihn oder sie nicht küssen wollt? Was ist dann passiert?"
– „Darf man Nein sagen, wenn man nicht küssen will?"
– „Wer bestimmt denn, ob man küßt?"

Die Kinder sollen im Laufe des Gespräches darauf kommen, daß sie allein bestimmen dürfen, zu welchem Zeitpunkt sie wen, wie und wohin küssen wollen!

Schöne und blöde Gefühle

Spieler/innen: zwei und mehr
Alter: ab 4 Jahren
Zeit: 10 Minuten
Material: keines
Ort: in einem ruhigen Raum

Etwas zu tun, wozu man keine Lust hat, macht blöde Gefühle. Blöde Gefühle sind ein Zeichen dafür, daß etwas nicht in Ordnung ist! Welche Situationen, Berührungen und Aussagen machen schöne oder blöde Gefühle bei den Kindern? Die Erzieherin bespricht mit den Kindern folgende Fragen:
– „Was könnt ihr tun, wenn ihr ein blödes Gefühl habt? Wie kommt ihr wieder zu einem schönen Gefühl?"
– „Macht euch jemand oft blöde Gefühle?"
– „Gibt es einen Ort, an dem ihr oft blöde Gefühle habt?"

Die Erzieherin kann mit den Kindern in kleinen Gruppen sprechen, wenn sich die Situation dazu ergibt. Es muß nicht die große Gruppe sein, da manche Kinder dann vielleicht etwas nicht erzählen, weil sie Sorge haben, von den anderen nicht ernst genommen zu werden. So kann es zum Beispiel für einen Jungen unangenehm sein, von der Mutter gebadet zu werden, obwohl alle anderen Kinder das ganz toll finden.

Gefühlsmaske

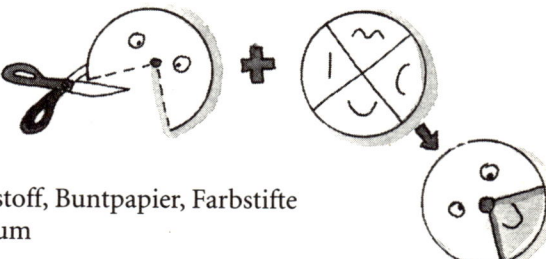

Spieler/innen: zwei und mehr
Alter: ab 4 Jahren
Zeit: 10 Minuten
Material: Karton, Schere, Klebstoff, Buntpapier, Farbstifte
Ort: in einem ruhigen Raum

Jedes Kind schneidet sich zwei Kreise mit einem Durchmesser von 12 cm aus. Ein Kreis wird mit Augen, Nase usw. bemalt. Oberhalb des Mundes wird der Kreis abgeschnitten. Der zweite Kreis bekommt vier verschiedene Münder. Im Kreismittelpunkt wird ein kleines Loch durchgestochen, und beide Kreise werden mit einer Briefklammer miteinander verbunden. So kann das Gesicht durch Drehen der Scheibe mit den Mündern immer wieder eine andere Gefühlslage anzeigen, und die Kinder können mit dieser Maske ihre Gefühle ausdrücken.

Wenn die Masken in der Kita aufgehängt werden, können die Kinder jeden Morgen ihre Gefühle anzeigen und im Laufe des Tages immer wieder verändern.

In Gesprächen können die Erzieherinnen schnell einen Überblick bekommen, wenn alle Kinder ihre Masken hochheben. Die Kinder selbst lernen dabei, daß unterschiedliche Menschen in denselben Situationen verschiedene Gefühle haben können.

Situationen dazu können sein:
– „Du sollt deinen Teller leer essen und bist schon satt.“
– „Deine Freundin ist im Urlaub.“
– „Du hast zum Geburtstag dein gewünschtes Spielzeug bekommen.“
– „Dein Bruder hat dir etwas kaputtgemacht.“
– „Du bist zu Besuch bei Verwandten und sollst die ganze Zeit ruhig am Tisch sitzen.“
– „Du bist im Schwimmbad mit deinen Eltern.“
– „Wenn dein Onkel kommt, will er dich immer auf dem Schoß haben und dir Küsse geben.“
– „Du hast neue Schuhe, deine beste Freundin findet sie echt blöd.“
– „Du hörst, wie deine Eltern schlecht von dir reden.“

– „Du brauchst eine Brille, und alle rufen ‚Brillenschlange‘.“
– „Du hast aus Versehen ein Glas kaputt gemacht, und alle schimpfen mit dir.“
– „Du hast deine Vesper vergessen, deine Freundin oder dein Freund teilt das ihre mit dir.“
– „Du darfst nicht mit den anderen Kindern in der Puppenecke spielen, weil die Kinder unter sich bleiben wollen.“

Was ich für mich tun kann, damit es mir gutgeht

Spieler/innen:	zwei und mehr
Alter:	ab 4 Jahren
Zeit:	10 Minuten
Material:	großes Papier, Farbe, Pinsel, Zeitschriften, Kataloge, Klebstoffe, Scheren
Ort:	in einem ruhigen Raum

Jedes Kind bekommt ein großes Blatt Papier. Auf dieses Papier malt und klebt es alles auf, was ihm guttut, wenn es ihm schlecht geht. Dabei nehmen die Kinder eine Seite für den inneren Gefühlszustand und die andere Seite für ihren Körper. Wer will, kann auch einen Trennstrich machen. Zum Körper gehören alle Krankheiten und körperliche Schmerzen. In den Bereich der Gefühle gehören Unzufriedenheit, Traurigkeit, miese Laune usw. Die Kinder sollen sich ein paar Tage Zeit lassen, um sich immer wieder neue Dinge zu überlegen, die sie tun können, wenn sie sich nicht gut fühlen. Vielleicht probieren sie die eine oder andere Idee gleich einmal aus.

Wenn alle Bilder fertig sind, werden sie gemeinsam bestaunt und besprochen.

Gesunde Kinder haben vielfältige Bilder, in denen die unterschiedlichsten Möglichkeiten vorhanden sind. Vielfältig bedeutet, daß alle Sinne und unterschiedliche Kompetenzen des Kindes angesprochen werden. Es gibt orale Genüsse (Schokolade zum Trösten, Medizin, die hilft usw.), tröstende Zuneigung von unterschiedlichen Menschen oder Dingen, eigene Aktivitäten wie malen, spielen, beim Fernsehen ausspannen oder Tonträger hören und vieles mehr.

Die Erzieherin schaut die Bilder sorgfältig an und macht die Kinder darauf aufmerksam, wenn sie Besonderheiten entdeckt. Wenn einem Kind zum Beispiel bei Krankheit nur Medizin und bei Mißstimmung nur Schokolade einfällt, gilt es, gemeinsam mit dem Kind immer wieder neue Verhaltensweisen auszuprobieren. So könnte es, anstatt Schokolade zu essen, zum Beispiel einmal durch den Garten laufen, ein Bild malen, auf dem zu sehen ist, was es ärgert, oder die Erzieherin fragen, ob es sie mal kurz laut anschreien darf. Die Erzieherin sollte sich für einen sehr langen Zeitraum vornehmen, mit diesem Kind immer wieder Neues auszuprobieren. Sicher gibt es viele Kinder, bei denen nur ein spezieller Bereich auf den Bildern fehlt; in diesem Fall sollte gefragt werden, warum das Kind diesen Bereich nicht aufgeführt hat. Vielleicht mag es einfach keine Schokolade, oder es gibt einen Grund, der geklärt werden muß. Die Erzieherin sollte bei diesen Gesprächen vorsichtig und behutsam sein und die Kinder lediglich im eigenen Denken unterstützen und ihnen mit Fragen helfen. Sie hat keine Antworten parat, weil die Kinder nur selbst herausfinden können, was ihnen guttun kann.

„Schlimme" Wörter weitergeben

Spieler/innen: vier und mehr
Alter: ab 3 Jahren
Zeit: 5 Minuten
Material: keines
Ort: in einem ruhigen Raum

Die Kinder sitzen in einem engen Kreis. Ein Kind beginnt damit, seinem Nachbarn ins Ohr ein „schlimmes" Wort zu flüstern. Dieser gibt das Wort wieder an seinen Nachbarn weiter. Ist das Wort beim letzten Kind angekommen, sagt es das, was es verstanden hat. Danach wird das ursprüngliche Wort auch genannt. Die Kinder versuchen nun gemeinsam, die Bedeutung des Wortes zu erklären. Ist es zu schwierig, dann helfen die Erwachsenen. Jedes Kind darf einmal ein Wort in den Kreis geben.

Schöne Wörter – Schimpfwörter

Spieler/innen: vier und mehr
Alter: ab 3 Jahren
Zeit: 10 Minuten
Material: keines
Ort: in einem ruhigen Raum

Die Kinder sitzen im Kreis und nennen weitere „schlimme" Wörter, die sie kennen. Wieder wird gemeinsam versucht, diese Wörter zu erklären. Die Kinder versuchen nun auch zu beschreiben, warum die Erwachsenen nicht möchten, daß dieses Wort von ihnen benutzt wird. Sicher muß die Erzieherin dabei immer wieder helfen. Zum Schluß versuchen die Kinder verschiedene Wörter zu finden, die sie statt dessen benützen können. Dabei wird herauskommen, daß Kinder diese Wörter häufig gar nicht für die normale Kommunikation verwenden, sondern sie als Schimpfwörter benützen.

Dreimal Schimpfwörter

Spieler/innen:	sechs und mehr
Alter:	ab 4 Jahren
Zeit:	5 Minuten
Material:	keines
Ort:	in einem ruhigen Raum

Dieses Spiel soll Kindern helfen, die Ebenen von Schimpfwörtern unterscheiden zu lernen. Gerade bei wenig „deftigeren" Schimpfwörtern ist es wichtig, daß Kinder das meist irgendwo aufgeschnappte Schimpfwort verarbeiten können, wozu auch gehört, es einfach einmal äußern zu dürfen.

Die Kinder verteilen sich im Kreis. Ein Kind ist Fänger und versucht, ein anderes Kind anzutippen. Wer gefangen ist, wird Fänger. Allerdings kann sich jedes Kind retten, indem es laut ein verbotenes Schimpfwort ruft. Es muß sich dann auf den Boden knien und kann erst wieder laufen, wenn ein anderes Kind es antippt und ihm ein erlaubtes Schimpfwort laut zuruft. Ältere Kinder sollten jedes Wort nur einmal benutzen dürfen.

Im Anschluß an dieses Spiel setzen sich die Kinder wieder in einen Kreis und besprechen die Schimpfworte noch einmal. Wie geht es den Kindern, wenn sie diese Worte benutzen, wie geht es ihnen, wenn sie selbst damit beschimpft werden?

Du Schlammwusel

Spieler/innen:	zwei und mehr
Alter:	ab 4 Jahren
Zeit:	10 Minuten
Material:	keines
Ort:	in einem ruhigen Raum

Die Kinder setzen sich zu zweit gegenüber. Sie sollen sich nun mit Kosewörtern und Schimpfwörtern verbal „bewerfen". Wenn ihnen keine mehr einfallen, können sie sich weitere ausdenken. Zum Beispiel: „Du zuckersüßer Lutscher", „Du Zitronengesicht", und so weiter. Die Kinder setzen sich anschließend wieder zusammen und erzählen, wie es ihnen dabei ergangen ist. Welche Wörter fanden sie schön, lustig oder nicht so nett? Vielleicht können sich in der Kita daraus ja Kosewörter und Schimpfwörter bilden, die für eine ganz bestimmte Situation stehen. Zum Beispiel ruft ein Kind, wenn es sich über ein anderes ärgert, weil dieses ihm etwas wegnimmt, einfach ganz laut: „Du Grabschbär!" Dann wissen alle im Raum Bescheid.

Das gefällt mir sehr

Spieler/innen:	vier und mehr
Alter:	ab 3 Jahren
Zeit:	10 Minuten
Material:	ein grünes und ein rotes Tuch
Ort:	in einem ruhigen Raum

Die Kinder sitzen in einem offenen Kreis. Vorher haben die Kinder ein grünes Tuch in die eine Ecke des Raumes gehängt und ein rotes Tuch in die andere. Die Erzieherin erzählt nun langsam und mit viel Ruhe eine fiktive Geschichte, in der die Wörter vorkommen, die die Kinder in den letzten Spielen genannt haben. Wenn die Erzieherin ein Wort nennt, überlegt jedes Kind für sich, ob es den Begriff schön findet oder nicht. Wenn es ihn schön findet, rennt das Kind in die grüne Ecke, wenn das Wort ungute Gefühle auslöst, dann stellt es sich in die rote Ecke. Am Ende der Geschichte können sich die Kinder darauf einigen, nur noch Wörter zu benutzen, die alle schön finden.

Ich habe eine(n)...

Spieler/innen:	zwei und mehr
Alter:	ab 3 Jahren
Zeit:	5 Minuten
Material:	ein Ball
Ort:	in einem ruhigen Raum

Die Erzieherin befragt die Kinder, ob sie denn wissen, was ein Penis und was eine Scheide ist. Gemeinsam wird geklärt, was die Jungen und was die Mädchen haben, und daß es fast in jeder Familie einen anderen Begriff dafür gibt. Anschließend stellen sich die Kinder in einen Kreis. Ein Mädchen hat den Ball in der Hand und sagt: „Ich habe ein Pippi, und was hast du?" Es wirft den Ball weiter. Das nächste Kind erzählt, wie bei ihm sein Penis oder seine Scheide heißt und befragt das nächste Kind. Wenn alle Kinder an der Reihe waren, ist das Spiel zu Ende. Die Erzieherin muß dann eingreifen, wenn ein Kind lächerlich gemacht wird, weil es einen ungewöhnlichen Namen oder auch ein Wort aus der Babysprache für sein Geschlechtsteil verwendet. Es muß den Kindern deutlich werden, daß sich jedes Kind einen Begriff suchen muß, den es selbst für sich gern hat, weil es ja den ganzen Körper gern hat, also auch die Scheide oder den Penis. Schließlich nennen die Kinder ihre Nase auch nicht Knolle.

Der Bauch ist vorn

Spieler/innen: zwei und mehr
Alter: ab 3 Jahren
Zeit: 10 Minuten
Material: ein Seil
Ort: in einem ruhigen Raum

Die Kinder stehen auf dem am Boden liegenden Seil. Die Erzieherin stellt nun verschiedene Fragen. Zum Beispiel:
„Wo ist:
– der Mund,
– der Po,
– das Knie,
– die Hand,
– die Scheide,
– der Bauch,
– das Ohr,
– der Penis,
– die Nase?"

Die Kinder springen, wenn das genannte Körperteil vorne ist, nach vorne, ist es hinten, springen sie nach hinten. Wenn sich das Körperteil an der Seite befindet, hüpfen die Kinder zur Seite. Ist ein Kind falsch gesprungen, darf es die Rolle der Erzieherin übernehmen und weitere Fragen stellen.

Variation: Die Kinder können beim Springen auch das gefragte Körperteil berühren.

Alles in Lebensgröße

Spieler/innen:	vier und mehr
Alter:	ab 4 Jahren
Zeit:	20 Minuten
Material:	große Papierstücke (mindestens 80 × 180 cm groß), Pinsel, Wasserfarben, Wachsmalkreiden, Fingerfarben
Ort:	in einem ruhigen Raum

Die Kinder finden sich zu viert in kleinen Gruppen zusammen. Jede Gruppe bekommt ein großes Stück Papier und sammelt sich an Farben zusammen, was sie braucht. Die Kinder bitten eine Erzieherin, sich mit dem Rücken auf das Papier zu legen, und zeichnen die Umrisse nach. Die Kinder einigen sich, ob sie eine Frau oder einen Mann malen wollen. In den Umriß zeichnen sie dann alles ein, was sie bei einer nackten Frau oder einem Mann schon einmal gesehen haben.

Anschließend werden die Bilder nebeneinander gehängt oder gelegt und angeschaut. Die Kinder helfen sich gegenseitig, wenn eine Gruppe etwas vergessen hat. Diese kann das dann schnell noch nachmalen. Die Kinder bezeichnen alles, was es auf den Papieren zu sehen gibt, und sie überlegen, was bei ihrem Körper (dem von Opa, dem der großen Schwester…) anders ist.

An einem anderen Tag sprechen die Kinder darüber, welches Körperteil bei welcher Gelegenheit berührt wird, die Haare beim Kämmen, der Po beim Säubern, der Bauchnabel beim Waschen usw. Die Erzieherin fragt die Kinder, welche Berührungen ihnen angenehm sind und welche nicht.

Nackedei

Spieler/innen:	zwei und mehr
Alter:	ab 3 Jahren
Zeit:	10 Minuten
Material:	Nacktfotos von den Kindern, Klebstoff, Karton, selbstklebende Klarsichtfolie
Ort:	in einem ruhigen Raum

Jedes Kind bringt ein vergrößertes Foto von sich selbst mit. Die Kinder sollen darauf nackt sein. Aus seinem Foto macht sich jedes Kind ein Puzzle. Das Foto wird auf den Karton geklebt und das ganze mit der Folie bezogen.

Die Erzieherin hilft anschließend beim Zerschneiden des Puzzles. Für die kleinen Kinder schneidet sie weniger Teile, für die größeren ein paar mehr.

Die Kinder legen nun erst einmal ihr eigenes Puzzle zusammen. Anschließend tauschen die Kinder die Puzzle aus und legen die der anderen zusammen. Dann nimmt jedes Kind wieder sein eigenes Puzzle. Die Erzieherin umschreibt ein Körperteil, und die Kinder dürfen nun dieses Teil des Puzzles hinlegen. Dann kommt der nächste Begriff. Das geht solange, bis die Bilder wieder zusammengesetzt sind.

3. Wer weiß, was er will, kann mitreden

Kinder wollen selbst entscheiden

In dem vorangegangenen Kapitel ging es immer wieder darum, daß Kinder lernen sollen, ihren eigenen Bedürfnissen zu vertrauen und sich für deren Befriedigung einzusetzen. Kinder müssen experimentieren dürfen, um sich Handlungskompetenzen für das Erreichen der eigenen Ziele anzueignen. Die Sensibilität für die Bedürfnisse kann gesteigert werden, indem Kindern immer wieder bewußt wird, welche Motivationen hinter ihrem Handeln liegen. Sie begreifen in der Auseinandersetzung miteinander, daß sie sich und den anderen den Alltag gegenseitig verschönern können, wenn sie bereit sind, manchmal auf ihren Standpunkt zu verzichten. Zu einem anderen Zeitpunkt ist es wichtig, sich durchzusetzen, dann sind umgekehrt die Erwachsenen aufgefordert, ihren Standpunkt aufzugeben.

Auch brauchen Kinder die Möglichkeit, die Rollenmuster von Männern und Frauen, Jungen und Mädchen überprüfen und verändern zu können.

In diesem Kapitel sind Spiele und Übungen zusammengestellt, die Kindern helfen, genau diese Kompetenzen zu erweitern und zu festigen.

So oder so

Spieler/innen:	zwei und mehr
Alter:	ab 4 Jahren
Zeit:	5 Minuten
Material:	keines
Ort:	in einem ruhigen Raum

Die Kinder sitzen zusammen und unterhalten sich darüber, was ihnen unangenehm und was ihnen angenehm ist, z.B.:
– gezwickt zu werden;
– im Arm gehalten zu werden;
– eine Ohrfeige zu bekommen;
– geküßt zu werden;
– gestreichelt zu werden;
– einen Klaps auf den Po zu bekommen;
– gegen den eigenen Willen festgehalten zu werden;
– gekitzelt zu werden;
– gelobt zu werden und dabei einen leichten Klaps auf die Schulter zu bekommen;
– auf dem Schoß zu sitzen, wenn man es will;
– einfach von jemanden hochgehoben zu werden.

Die Kinder sollen gemeinsam noch mehr Beispiele zusammentragen.

Flirten

Spieler/innen: acht und mehr
Alter: ab 4 Jahren
Zeit: 5 Minuten
Material: keines
Ort: in einem ruhigen Raum

Die Kinder stehen in einem Kreis mit dem Rücken zur Kreismitte und halten sich ganz fest eingehakt. Ein Kind steht vor dem Kreis und soll versuchen, in den Kreis zu kommen. Es versucht nun, durch Streicheln, durch Singen oder durch Grimassen eines der Kinder dazu zu bringen, den Kreis zu öffnen. Wenn einem Kind im Kreis die Form nicht gefällt, mit dem das andere Kind ihm begegnet, kann es einfach nein sagen, und das Kind muß sofort damit aufhören. Hat das Kind es geschafft, den Kreis zu öffnen, darf ein anderes Kind einen neuen Versuch beginnen.

Ein Gespräch kann sich daran anschließen, in dem die Kinder folgende Fragen besprechen:
– Welche Berührungen waren angenehm?
– Welche Berührungen waren unangenehm?
– Kennt ihr noch andere Berührungen, die angenehm oder unangenehm sind?
– Was macht ihr bei unangenehmen Berührungen?
– Dürft ihr bei unangenehmen Berührungen nein sagen?
– Wer kann euch helfen, wenn jemand euer Nein nicht akzeptieren mag?

Nein und Nein

Spieler/innen: zwei und mehr
Alter: ab 4 Jahren
Zeit: 10 Minuten
Material: keines
Ort: in einem ruhigen Raum

Die Spielleiterin sagt den Kindern, daß sie immer nein sagen dürfen, wenn sie jemand berührt und sie es nicht wollen. Sie erklärt auch, daß es Erwachsene gibt, die auf ein Nein nicht immer hören. Deshalb muß ein Kind laut und deutlich nein sagen.

Die Spielleiterin sagt zaghaft nein und schaut dabei zur Seite und anschließend laut nein, wobei sie den Kopf hebt und sich ganz groß macht. Die Kinder sollen sagen, welches Nein sie besser finden. Danach üben die Kinder das Nein. Sie schreien es, sie machen sich dabei groß, sie stampfen mit dem Bein auf den Boden und so weiter. Dann stellen sich die Kinder wieder zusammen und versuchen, ein Nein ohne Sprache auszudrücken – nur mit dem Gesicht, mit dem ganzen Körper, mit den Händen, mit den Füßen.

Der zweite Versuch

Spieler/innen: acht und mehr
Alter: ab 4 Jahren
Zeit: 20 Minuten
Material: keines
Ort: in einem ruhigen Raum

Die Kinder überlegen, ob sie schon einmal in einer Situation waren, in der sie gerne nein gesagt hätten, es sich aber nicht getraut haben. Das Kind, dem eine Situation eingefallen ist, erzählt sie den anderen und bestimmt die Kinder, die die Personen der Situation spielen sollen. Diese müssen aber mit der Rolle einverstanden sein. Das Kind spielt sich selbst und sagt dieses Mal laut nein. Es darf auch schreien, wenn es möchte. Die Kinder überlegen nun, wie die Situation nach dem Nein hätte ausgehen können.

Danach ist ein anderes Kind mit seiner Situation an der Reihe.

Kußcollage

Spieler/innen: acht und mehr
Alter: ab 4 Jahren
Zeit: 20 Minuten
Material: großes Plakat, Zeitschriften, in denen Küsse abgebildet sind, zum Beispiel Filmzeitschriften, Scheren, Klebstoff
Ort: in einem ruhigen Raum

Die Kinder machen gemeinsam eine große Kußcollage. Sie schneiden alle Küsse aus den Zeitungen aus, die sie finden, und kleben sie auf das Plakat.

Anschließend beschreiben und unterscheiden sie die Küsse auf den Bildern oder erzählen, welche Küsse sie noch kennen. Es gibt Zungenküsse, Liebesküsse, Dankesküsse und so weiter. Gibt es Küsse, die angenehm sind, und welche, die unangenehm sind?

Zum Schluß malen sich alle Kinder die Lippen mit Lippenstift an und drücken einen dicken Kuß auf die Collage.

Sich gegen Störenfriede wehren

Spieler/innen: acht und mehr
Alter: ab 4 Jahren
Zeit: 20 Minuten
Material: verschiedene Spielsachen
Ort: in einem ruhigen Raum

Die Kinder teilen sich in zwei Gruppen. Aus der einen Gruppe erzählen alle, was sie jetzt gerne tun würden. Die Erzieherin hilft ihnen, die Dinge, die sie dazu brauchen, zusammenzutragen. Dann kommt die zweite Gruppe an die Reihe. Diese soll die erste Gruppe beim Spielen stören und immer wieder versuchen, sie von ihrem Vorhaben abzuhalten.

Die Kinder sollen hier lernen, sich gegen die Störenfriede durchzusetzen. Dazu muß den Kindern vorher gesagt werden, daß es sich um ein Experiment handelt. Die Kinder entwickeln im voraus klare Regeln, an die sich alle halten müssen. Es darf zum Beispiel kein Kind geschlagen werden. Die Kinder vereinbaren auch ein Wort, das bedeutet: Ich bin so angenervt, ich will jetzt meine Ruhe haben, sonst flippe ich aus! Oder es wird ein Raum vereinbart, in den die Störenfriede nicht gehen dürfen und sich Kinder, die genug haben, zurückziehen können.

Die Kinder sprechen auch über verschiedene Handlungsmöglichkeiten, zum Beispiel Reden, unterschiedliche Lautstärke des Sprechens, das Benutzen des Wortes Nein, Handbewegungen, Töne durch Musikinstrumente usw. Die Störenfriede werden darauf aufmerksam gemacht, daß sie für die Zeichen der anderen sensibel sein sollen. Wenn sie sich von einem Kind haben überzeugen lassen, daß sie es in Ruhe lassen sollen, gehen sie zu einem anderem. Sie sind nicht nur Störenfriede, sondern sie sollen auch spüren, welche Art und Weise sie bewegt, andere in Ruhe zu lassen.

Nach der Übung sitzen die Kinder zusammen und sprechen über ihre Erfahrungen. Was hat ihnen gefallen, was hat sie gestört? Wie wurden die Störenfriede vertrieben? Was haben die Störenfriede empfunden? Hat es Spaß gemacht, die anderen zu ärgern? Wie wurden die Störungen empfunden? Gab es lustige Sachen? Wie ist das, wenn man nicht mitspielen darf? Woher kennen die Kinder noch Situationen, in denen sie von anderen gestört werden? Werden sie zu Hause oft beim Spielen gestört?

Ich will, ich will nicht

Spieler/innen:	sechs und mehr
Alter:	ab 4 Jahren
Zeit:	5 Minuten
Material:	keines
Ort:	in einem ruhigen Raum

Die Kinder sitzen sich zu zweit gegenüber. Ein Kind beginnt, an das andere eine Forderung zu stellen. Das Kind antwortet darauf mit einer klaren Entscheidung: „Räum sofort die Puppenecke auf!" – „Nein, ich will jetzt nicht."

Immer im Wechsel sollen die Kinder Forderungen aussprechen, auch Dinge, die sie immer wieder von Erwachsenen hören. Das angesprochene Kind soll klar sagen, ob es das machen will oder nicht. Dabei versuchen die Kinder, immer wieder andere Formulierungen zu finden.

Die Erzieherin macht die Kinder in der nächsten Zeit immer wieder darauf aufmerksam, wenn sie in ihren Formulierungen nicht eindeutig sind und versteckte Botschaften vermitteln. „Ja, wenn es sein muß", bedeutet z. B.: „Ich habe keine Lust, weiß aber, daß ich nicht ausweichen kann." „Interessiert doch niemand", bedeutet: „Hör mir doch mal richtig zu!"

Was ich einmal sein will

Spieler/innen: sechs und mehr
Alter: ab 4 Jahren
Zeit: 10 Minuten
Material: keines
Ort: in einem ruhigen Raum

Die Kinder sitzen zusammen und erzählen sich gegenseitig, was sie einmal werden wollen. Wenn ein Kind seinen Wunsch erzählt hat, suchen alle Kinder gemeinsam nach Eigenschaften, die man braucht, um diesen Beruf auszufüllen. Wenn ein Kind Feuerwehrmann oder Feuerwehrfrau werden will, darf es zum Beispiel keine Angst vor Feuer haben. Das Kind, das diesen Wunsch ausgesprochen hat, überlegt, ob es die einzelnen Kompetenzen schon hat. Sicher gibt es Dinge, die es noch lernen muß. Vielleicht können die anderen Kinder ja Tips geben, wie es die fehlenden Kompetenzen erwerben kann.

Tierphantasie

Spieler/innen: ein Kind und mehr
Alter: ab 4 Jahren
Zeit: 10 Minuten
Material: meditative Musik
Ort: in einem ruhigen Raum

Die Kinder legen sich alle bequem auf den Boden. Sie sollten Matratzen oder Decken haben, damit es nicht zu kalt wird.

Die Kinder lauschen zuerst der ruhigen Musik und werden von der Erzieherin immer wieder aufgefordert, bewußt ganz tief ein- und auszuatmen.

Nach einiger Zeit beginnt die Erzieherin folgende Geschichte zu erzählen:

„Stell dir vor, du bist jetzt im Freien. Der Himmel ist blau, und die Sonne scheint. Spürst du die Wärme? Siehst du das helle Licht der Sonne? Schau dir den tollen Himmel an. Jetzt sieh dich um. Du stehst auf einer großen Wiese. Du kennst diese Wiese nicht. Du bist zum ersten Mal hier. Ganz weit weg siehst du einen See, einen Wald und Berge. Sieh dir die Wiese nur genau an. Ist sie nicht wunderschön? Es ist friedlich hier, du spürst, daß dir hier nichts passieren kann. Spürst du es? Kein Mensch ist hier, nur die Pflanzen und Tiere, welche die Menschen lieben. Tiere, die zahm sind und vor denen du keine Angst zu haben brauchst. Knie dich nun auf den Boden und betrachte die Blume, die da steht. Ist sie schön? Wenn du nun den Blick wieder hebst, ist ein Tier ganz nahe zu dir gekommen. Es ist dein Freund, schau es genau an. Was ist es für ein Tier? Was fühlst du? Greif in deine Hosentasche, du findest dort etwas zu fressen für das Tier. Lege es in deine Hand und gib es ihm. Wenn du das Tier nun streicheln magst, dann streichle es. Es wird es mögen. Geht es dir gut? Wie fühlt sich das Fell an?

Verabschiede dich nun von dem Tier, so wie du dich von einem guten Freund verabschiedest. Bleibe noch einen Moment liegen und schüttle deine Beine und deine Arme aus. Öffne die Augen und setze dich langsam und bequem hin."

Die Kinder haben nun sicher viel zu erzählen, was sie gesehen und gespürt haben. Die Erzieherin gibt den Kindern dafür erst einmal Zeit. Danach werden die Tiere einzeln durchgesprochen. Was sind das für Tiere? Wie leben sie? Was haben sie für besondere Eigenschaften? Haben die Kinder diese Eigenschaften auch oder in ähnlicher Weise? Wenn nicht, schlummert diese Eigenschaft vielleicht noch in ihrem Inneren und muß nur noch geweckt werden… Wie kann sie denn geweckt werden?

Gefühlskalender

Spieler/innen:	sechs und mehr
Alter:	ab 4 Jahren
Zeit:	5 Minuten
Material:	zwei Bögen buntes Tonpapier, Stifte, Papiermesser
Ort:	in einem ruhigen Raum

Die Erzieherin bereitet einen Kalender vor, der einem Adventskalender ähnelt. In den einen Bogen Tonpapier schneidet sie mit dem Papiermesser zum Beispiel 10 Türen. Das Tonpapier wird auf das zweite gelegt, und die Rahmen der Türen werden auf diesen zweiten Bogen übertragen und nun mit Gesichtern, die unterschiedliche Gefühle darstellen, bemalt. Danach werden die beiden Papierbögen zusammengeklebt.

Nun darf jeden Tag ein anderes Kind eine Türe öffnen. Die Kinder betrachten das Gesicht und versuchen, dieses Gefühl zu beschreiben. Anschließend erzählen sie sich gegenseitig Geschichten, in denen sie selbst dieses Gefühl hatten. Die Kinder können sich danach ein Bild von ihrer Erzählung malen, Ähnlichkeiten mit ihrer Situation in Zeitschriften suchen und vieles mehr.

Phantasiekiste

Spieler/innen:	sechs und mehr
Alter:	ab 4 Jahren
Zeit:	einen Tag
Material:	Holzlatten, Nägel, Hammer, vier Griffe, ein Schloß, viele Materialien, Holzleim, Sägen, Scharniere, Schrauben, Schraubenzieher
Ort:	in einem ruhigen Raum

Die Kinder vereinbaren einen Tag in der Woche, an dem sie alle Spielsachen in der Kita liegenlassen und nur mit den Dingen spielen und arbeiten, die sie vorher gemeinsam in eine große Kiste legen. Am besten ist es, die Kiste vorher gemeinsam mit den Kindern zu bauen. Aus einigen Brettern wird ein Gerüst für die Kiste zusammengeleimt und genagelt. Nun können die Kinder in der richtigen Länge weiter Bretter zusägen und auf das Gerüst nageln. Der Deckel wird mit den Scharnieren an der Kiste befestigt. Am Schluß werden vier Griffe an der Kiste angebracht, und an den Deckel wird ein Schloß geschraubt. Der Schlüssel hängt an einem kleinen Nagel an der Kiste selbst.

In die Kiste kommen Naturmaterialien, die die Kinder gemeinsam sammeln oder zu kaufen beschließen.

Ja oder nein

Spieler/innen: sechs und mehr
Alter: ab 4 Jahren
Zeit: 10 Minuten
Material: Klebestreifen, ein roter und ein grüner Gegenstand
Ort: in einem ruhigen Raum

Bei spontanen Entscheidungen merken Kinder am besten, wie sie wirklich denken, ohne sich an anderen zu orientieren. Im Raum werden zwei Flächen mit Klebestreifen gekennzeichnet. In einer Fläche liegt ein roter Gegenstand; dieser bedeutet: „Ich bin nicht damit einverstanden." In der anderen liegt ein grüner Gegenstand und bedeutet: „Ja, das ist auch meine Meinung."

Den Kindern werden nun von der Erzieherin nach und nach Behauptungen vorgelesen. Die Kinder hören sich eine an und laufen dann sofort in eine der Flächen, je nachdem wie sie darüber denken. Die Kinder sollten danach immer noch ein wenig Zeit haben zu begründen, warum sie so denken. Vielleicht wechselt im Gespräch ein Kind auch seine Meinung und damit die Fläche. Die Behauptungen sollten zu einem Thema sein, das in der Kita gerade aktuell ist. Bei dem Thema Geschlechterrollen könnten solche Themen z. B. sein:

– Eltern wissen alles besser als Kinder.
– Frauen sind nicht so kräftig wie Männer.
– Männer dürfen sich nicht in Männer verlieben.
– Männer müssen den Frauen sagen, was sie tun sollen.
– Frauen müssen immer schön aussehen.
– Männer können schmutzig sein.
– Mädchen dürfen sich nicht schlagen.
– Jungen, die mit Puppen spielen, sind blöd.
– Mädchen verstehen nichts von der Eisenbahn.
– Jungen brauchen nicht kochen zu lernen.
– Mädchen, die mit Werkzeug umgehen, sind keine echten Mädchen.

Vertauschte Jungs

Spieler/innen:	sechs und mehr
Alter:	ab 4 Jahren
Zeit:	1 Stunde und länger
Material:	Kleiderkiste, Schminke
Ort:	in einem ruhigen Raum

Die Mädchen und Jungen bilden jeweils eine Gruppe. In den Gruppen verkleiden und schminken sich die Mädchen wie Jungen und die Jungen wie Mädchen. Sie geben sich auch einen neuen Namen und probieren ein paar typische Kennzeichen des anderen Geschlechtes aus. Wenn alle fertig sind, stellen die Kinder sich nacheinander vor und zeigen ihre Verkleidung wie bei einer Modenschau. Die Erzieherin fotografiert die Kinder dabei, damit sie sich auch selbst sehen können.

Den restlichen Tag verbringen die Kinder in ihrer neuen Rolle und probieren alles Mögliche aus, was sonst nur das andere Geschlecht „tun darf".

Mädchenkram – Jungenzeug

Spieler/innen: sechs und mehr
Alter: ab 4 Jahren
Zeit: 20 Minuten
Material: alle Spielsachen im Raum
Ort: in einem ruhigen Raum

Mädchen und Jungen bilden jeweils eine Gruppe. Die Jungen fangen an, alle Spielsachen, mit denen nur die Mädchen spielen, auf einen großen Haufen in eine Ecke zu legen. Die Dinge, mit denen nur die Jungen spielen, kommen in eine andere Ecke. In die Mitte des Raumes legen sie die Sachen, die von beiden Geschlechtern benützt werden.

Die Mädchen gehen anschließend die Spielsachen durch und machen neue Haufen, wenn sie mit der Wahl der Jungen nicht einverstanden sind.

Die Kinder sollen hinterher die Spielsachen, die nur für Jungen oder nur für Mädchen sind, genauer betrachten. Die Erzieherin unterstützt das Gespräch mit folgenden Fragen:

– Was haben die Spielsachen der Mädchen/Jungen gemeinsam?
– Warum spielen Mädchen bzw. Jungen wohl nicht damit?
– Habt ihr zu Hause noch nie mit solchen Spielsachen gespielt?
– Was wäre, wenn die Mädchen mit den Sachen der Jungen spielen würden und umgekehrt? Passiert da etwas?
– Was ist, wenn du zum nächsten Geburtstag ein… bekommst?
– Warum schenken Eltern den Kindern typisches Spielzeug, obwohl die Kinder mit den anderen Sachen auch gerne spielen würden?

Mädchen können auch...

Spieler/innen:	sechs und mehr
Alter:	ab 4 Jahren
Zeit:	15 Minuten
Material:	keines
Ort:	in einem ruhigen Raum

Die Kinder teilen sich wieder in eine Mädchen- und eine Jungengruppe. Beide Gruppen ziehen sich zur Beratung zurück. Sie überlegen sich etwas, was nur sie können und das andere Geschlecht nicht. Danach treffen sich die beiden Gruppen, und jede Gruppe stellt ihre Behauptung auf. Die Kinder können danach beraten, ob und wie sie die Behauptung widerlegen können. Zum Beispiel: „Nur Jungen können richtig Nägel in Bretter schlagen." Das wäre doch gelacht, wenn das die Mädchen nicht schaffen könnten! Haben die Gruppen sich entschieden, wer das Gegenteil beweisen darf, treffen sie sich, und beide Gruppen stellen ihre Ergebnisse vor. Das Spiel endet, wenn den Kindern nichts mehr einfällt, was das eigene Geschlecht alleine kann.

Typisch Weiber

Spieler/innen: zwei und mehr
Alter: ab 4 Jahren
Zeit: 10 Minuten
Material: keines
Ort: in einem ruhigen Raum

Die Kinder setzen sich zusammen und sprechen darüber, was denn eigentlich typisch für Mädchen und was typisch für Jungen ist. Sie erzählen auch, wie zu Hause die Arbeit aufgeteilt ist. Gemeinsam überlegen sie sich, warum das so ist, daß die Mütter sich fast immer um den Haushalt kümmern und nicht die Väter. Die Kinder sollen überlegen, ob sie das auch so machen wollen. Vielleicht möchte ein Junge ja auch später die Wäsche bügeln können.

Die Erzieherin achtet darauf, daß die Kinder merken, daß eine bestimmte Rollenverteilung nicht einfach so gegeben ist, „weil es halt so ist", sondern daß sich jeder Mensch für eine Form des Lebens bzw. Rolle entschieden hat. Biologisch vorgegeben ist allein, daß die Frauen die Babys bekommen können. Aber auch das bedeutet nicht, daß sie die Kinder alleine großziehen müssen.

Rollencollage

Spieler/innen:	zwei und mehr
Alter:	ab 4 Jahren
Zeit:	10 Minuten
Material:	Zeitungen, Zeitschriften, zwei große Plakate, Scheren, Klebstoff
Ort:	in einem ruhigen Raum

Die Kinder sollen alles aus den Zeitungen ausschneiden, was ihnen typisch männlich oder typisch weiblich zu sein scheint. Anschließend werden die Bilder auf die Plakate geklebt. Ein Plakat ist für die Frauen und eines für die Männer. Im Anschluß schauen die Kinder die Plakate an und sprechen darüber. Gemeinsam überlegen sie, wen sie kennen, der etwas macht, was hier auf dem Plakat des anderen Geschlechts zu sehen ist.

Alles einmal umgekehrt

Spieler/innen:	vier und mehr
Alter:	ab 5 Jahren
Zeit:	20 Minuten
Material:	Kleidungsstücke, Requisiten
Ort:	in einem ruhigen Raum

Die Kinder bauen sich eine Bühne und verkleiden sich. Gemeinsam überlegen sie, welche Szene aus dem Familienalltag sie spielen wollen. Die Rollen werden verteilt, und dann kann es auch schon losgehen. Nach dem Spiel überlegen die Kinder gemeinsam, welche typischen Rollenklischees im Spiel vorkamen. Anschließend spielen sie dasselbe Stück noch einmal, aber diesmal in umgekehrter Rollenverteilung, d.h. die Jungen spielen die zuvor weiblichen Rollen und umgekehrt. Dabei sollen die Jungen aber nicht einfach Frauen spielen, sondern z.B. den Mann der Familie als „Hausmann". Im Anschluß daran besprechen die Kinder, was sich dabei verändert hat und wie sich die Kinder in den Rollen gefühlt haben.

Berufe raten

Spieler/innen:	zwei und mehr
Alter:	ab 4 Jahren
Zeit:	10 Minuten
Material:	keines
Ort:	in einem ruhigen Raum

Die Kinder sitzen zusammen. Ein Kind beginnt und spielt pantomimisch einen Beruf vor, den die anderen zu erraten versuchen. Haben sie ihn herausgefunden, überlegen sie sich, ob es sich um einen Männer- oder einen Frauenberuf handelt. Die Kinder versuchen gemeinsam herauszufinden, welche Fähigkeiten ein Mann bzw. eine Frau für diesen Beruf braucht und ob er nicht auch vom anderen Geschlecht ausgeübt werden kann.

Einmal will ich

Spieler/innen:	zwei und mehr
Alter:	ab 4 Jahren
Zeit:	5 Minuten
Material:	Papier, unterschiedliche Farben
Ort:	in einem ruhigen Raum

Die Kinder setzen sich zusammen, und jedes Kind überlegt sich, was es einmal von dem tun möchte, was bisher immer nur das andere Geschlecht getan hat. Mädchen wollen vielleicht Fußball spielen, auf Bäume klettern, sich raufen oder an der Werkbank etwas aus Holz basteln. Die Jungen könnten kochen, in der Puppenecke nur mit Freunden spielen oder sich verkleiden und schminken. Wenn jedes Kind etwas gefunden hat, was es gerne einmal machen möchte, malen die Kinder die Situation so auf ein Blatt Papier, wie sie sie sich vorstellen. Die Bilder werden aufgehängt, und die Erzieherin sorgt dafür, daß nach und nach jedes Kind die Gelegenheit hat, das Gewünschte auszuprobieren. Im Anschluß erzählt das Kind den anderen, wie es war, und darf sein Bild dann mit nach Hause nehmen.

4. Wer offen sagen darf, was er denkt, muß weniger lügen

Kinder wollen die Wahrheit sagen

Bei den Spielen dieses Kapitels sollen Kinder lernen, sich miteinander zu unterhalten und dabei zu spüren, wie es ihnen geht. Sie sollen merken, daß ihre Gefühle, ihre Haltung und ihre Meinung von den anderen respektiert werden. Kinder spüren sehr deutlich, was schlechte Geheimnisse sind, wenn ihnen erlaubt wird, darüber nachzudenken. Gute Geheimnisse machen Spaß, schlechte machen Kummer, bedrücken und machen einem manchmal auch Angst.

Schlechte Geheimnisse sind auch Lügen, die erzählt werden, weil die Kinder Angst vor Strafe haben. Sie liegen so schwer wie Blei im Magen. Kinder werden so in ihrem Denken und Handeln unfrei – der Kloß im Bauch ist jederzeit präsent. Sie müssen deshalb lernen, sich von diesem Druck zu befreien, z. B. indem sie sich anderen mitteilen.

Heiße Stühle

Spieler/innen:	sechs und mehr
Alter:	ab 4 Jahren
Zeit:	10 Minuten
Material:	2 Stühle mehr als Kinder mitspielen
Ort:	in einem ruhigen Raum

Wenn es in einer Kita einmal gilt, etwas auszudiskutieren, kann der heiße Stuhl dabei helfen, Klarheit zu finden. Die Kinder setzen sich dafür in einen Stuhlkreis. Zwei Stühle stehen in der Mitte. Hier nehmen zwei Kinder Platz, deren Meinungen sich widersprechen. Die beiden Kinder beginnen zu diskutieren und können von den anderen jederzeit Hilfe bekommen. Dazu steht ein Kind auf und stellt sich hinter das Kind in der Mitte, das seine Meinung vertritt. Es legt die Hände auf dessen Schultern und sagt laut sein Argument. Anschließend setzt sich das Kind wieder auf seinen Stuhl. Kinder sollen lernen, ihre Meinungen auszuhandeln, das heißt, ihr Gegenüber zu verstehen und auf seine Argumente einzugehen. Die Erzieherin kann die Kinder darin unterstützen, indem sie sie fragt, ob sie die Aussage verstanden haben, welche Gedanken und Gefühle dabei ausgelöst werden und wie sich dadurch ihre Meinung verändert.

Was kann denn da passiert sein?

Spieler/innen: sechs und mehr
Alter: ab 4 Jahren
Zeit: 5 Minuten
Material: Bilder, die eine Situation zeigen, in der Konflikte oder positive Ge-
fühle sichtbar sind. Es sollten möglichst häufig Kinder und Erwach-
sene darauf sichtbar sein.
Ort: in einem ruhigen Raum

Die Kinder sitzen zusammen und nehmen das erste Bild in die Hand.
Sie versuchen, sich so gut wie möglich in die dargestellte Situation
einzufühlen und sie zu beschreiben. Dabei sollten verschiedene Kinder die Rollen in der Situation besetzen. Das darf jedoch keine starre
Vorgabe sein. Die Erzieherin kann die Kinder fragen, ob jemand eine
Idee hat, was die Mutter wohl denkt, was das kleine Mädchen und so
weiter.

Schlimme Sachen erzählen

Spieler/innen: zwei und mehr
Alter: ab 4 Jahren
Zeit: 15 Minuten
Material: keines
Ort: in einem ruhigen Raum

Die Kinder sitzen zusammen, und jedes, das möchte, darf eine schlimme Sache erzählen, die es einmal angestellt hat. Es erzählt auch, ob es dafür bestraft wurde und wie die Erwachsenen reagiert haben. Zuerst einmal überprüft jedes Kind, ob es denn die Sache wirklich für schlimm hält und warum. Dann überlegen die Kinder gemeinsam, wie die Situation hätte anders verlaufen können. Sie versuchen, die Bedürfnisse des betreffenden Kindes zu erspüren, und suchen Möglichkeiten, wie diese anders hätten befriedigt werden können. Ziel dieser Übung ist, daß die Kinder die Erfahrung machen, daß es helfen kann, „schlimme Sachen" zu erzählen. Die Erzieherin paßt dabei auf, daß keine moralischen Urteile in die Diskussion geworfen werden.

Lauter als die anderen

Spieler/innen:	acht und mehr
Alter:	ab 4 Jahren
Zeit:	5 Minuten
Material:	keines
Ort:	in einem ruhigen Raum

Die Kinder teilen sich in zwei Gruppen. Die Gruppen stehen sich so gegenüber, daß jedes Kind einen Partner oder eine Partnerin in der anderen Gruppe hat. Jedes Kind überlegt sich nun einen Satz, den es dem anderen Kind sagen möchte. Es sollte eine positive Eigenschaft sein, die das andere Kind hat, zum Beispiel: „Ich finde, daß du immer ganz tolle Kleider anhast." Auf ein Zeichen der Erzieherin hin beginnen alle Kinder gleichzeitig den Satz laut zu schreien. Haben alle Kinder den für sie bestimmten Satz verstanden, ist das Spiel zu Ende, und jedes Kind sagt den Satz, den ihm das andere Kind zugerufen hat.

Da träumte ich, wir wären...

Spieler/innen:	sechs und mehr
Alter:	ab 4 Jahren
Zeit:	5 Minuten
Material:	keines
Ort:	in einem ruhigen Raum

Ein Kind beginnt eine Geschichte zu erzählen. Es soll eine Geschichte sein, die es gerne wirklich erleben möchte. Nach einer Weile hört es auf, und ein anderes Kind erzählt die Geschichte weiter.

Traumeltern sind...

Spieler/innen:	zwei und mehr
Alter:	ab 4 Jahren
Zeit:	15 Minuten
Material:	keines
Ort:	in einem ruhigen Raum

Immer zwei Kinder setzen sich zusammen und erzählen sich gegenseitig, wie Traumeltern sein müßten. Anschließend berichten sie den anderen Kindern ihre Vorstellungen. Die erzählen auch, wie sie sich denken, daß Traumeltern sein müßten. Die Erzieherin versucht gemeinsam mit den Kindern herauszuarbeiten, wo bei den Vorstellungen Gemeinsamkeiten und Unterschiede bestehen. Die Kinder untersuchen zuerst, warum denn die Ideen zum Teil so unterschiedlich sind. Vielleicht finden sie gemeinsam heraus, daß dies mit den Bedürfnissen der einzelnen Kinder zusammenhängt. Anschließend überlegen sie, ob es denn einen gemeinsamen Punkt gibt, den sich alle Kinder wünschen. Vielleicht können die Kinder ja Strategien entwickeln, wie sie ihre Eltern an diesem einen Punkt in ihrem Sinne „erziehen" können.

Sprüche der Eltern

Spieler/innen:	sechs und mehr
Alter:	ab 4 Jahren
Zeit:	5 Minuten
Material:	viele kleine Zettel, zwei große Plakate
Ort:	in einem ruhigen Raum

Die Kinder sitzen zusammen und erzählen Sprüche, die ihre Eltern ihnen immer wieder sagen. Es sind sowohl Sprüche gefragt, die angenehme Gefühle auslösen, als auch nicht so nette Sätze. Die Erzieherin schreibt die Sätze auf kleine Kärtchen. Die Kinder besprechen anschließend jeden einzelnen Satz. Macht er schöne oder eher blöde Gefühle? Wie fühlen sich die blöden Gefühle denn an? Fühle ich mich dann ungeliebt, dumm oder falsch? Was sind denn schöne Gefühle? Die Zettel werden auf zwei verschiedene Stapel verteilt, einem für die Zettel mit Sprüchen, die schöne Gefühle auslösen, und einem mit den anderen. Die Erzieherin schreibt groß auf eines der Plakate: „Sprüche, die ich hören will, weil sie schöne Gefühle machen", und auf das andere: „Sprüche, die ich nicht hören mag, weil sie blöde Gefühle machen".

Daraufhin werden die Plakate mit den entsprechenden Zetteln beklebt und im Flur oder in einem anderen Raum, in dem sich immer wieder Eltern aufhalten, aufgehängt.

Ich bin in den Brunnen gefallen

Spieler/innen: zwei und mehr
Alter: ab 4 Jahren
Zeit: 5 Minuten
Material: keines
Ort: in einem ruhigen Raum

Die Kinder stehen in einem großen lockeren Kreis. Ein Kind geht in die Mitte und sagt: „Ich bin in den Brunnen gefallen." Die anderen rufen daraufhin: „Wer darf dir helfen?" Jetzt denkt sich das Kind in der Mitte etwas aus, was es an anderen Kindern schätzt: „Das Kind, das am lustigsten lachen kann." Alle Kinder lachen nun, und das Kind in der Mitte sucht sich dasjenige heraus, das am lustigsten lachen kann. Dieses geht in die Mitte und zieht das andere Kind zurück in den Kreis. Anschließend ist es selbst in den Brunnen gefallen.

Die Erzieherin bespricht nach dem Spiel die Gefühle, die die Kinder hatten, als sie jemanden bestimmen mußten. Sie fragt auch nach den Kindern, die gewählt oder nicht gewählt wurden. Waren die Wählenden ehrlich? Haben sie wirklich nach dem Lachen gewählt oder ihre Freundin oder ihren Freund? Was bedeutet das für die Kinder, die etwas gut können und trotzdem nicht gewählt werden? Wie ist das, wenn mich jemand nicht so gerne mag wie den anderen? Darf er oder sie es mir sagen? Müssen mich denn alle Menschen gleich liebhaben? Muß ich selbst dann auch alle Menschen gleich lieben? Geht das überhaupt?

Maskerade

Spieler/innen:	vier und mehr
Alter:	ab 4 Jahren
Zeit:	20 Minuten und länger
Material:	große Papiertüten vom Bäcker, Scheren, Farben
Ort:	in einem ruhigen Raum

Bei diesem Spiel ist es wichtig, daß die Erzieherinnen die Kinder genau beobachten und ihnen vorab erklären, daß sie sich ansonsten keine Tüten über den Kopf ziehen dürfen, vor allem keine Plastiktüten, unter denen man schnell ersticken kann.

Ein Kind zieht sich eine Papiertüte über den Kopf, und ein anderes Kind zeichnet mit einem Pinsel vorsichtig die Stelle der Augen, der Nase und des Mundes an. Die Kinder schneiden sich die Augen aus ihrer Tüte heraus und machen auch an Mund und Nase kleine Löcher. Die Tüten werden anschließend wild bemalt. Jedes Kind malt die Tüte dabei so an, wie es möchte. Anschließend nehmen die Kinder ihre Masken und spielen die Rolle, die zu der Maske paßt. Sie können die Masken nach einiger Zeit auch wechseln und eine andere Rolle ausprobieren. Wichtig ist nur, daß die Kinder miteinander in Kontakt kommen.

Von guten und schlechten Geheimnissen

Spieler/innen:	zwei und mehr
Alter:	ab 4 Jahren
Zeit:	15 Minuten
Material:	keines
Ort:	in einem ruhigen Raum

Die Kinder sitzen zusammen. Die Spielleiterin hat eine Geschichte mit Situationen vorbereitet, in denen Geheimnisse eine Rolle spielen. Diese Geschichte erzählt sie den Kindern, die raten sollen, ob es sich in der dargestellten Situation um ein „gutes" oder ein „schlechtes" Geheimnis handelt. Wenn die Kinder diesbezüglich Fragen haben, werden diese sogleich besprochen. Die Erzieherin sollte sich dabei zurückhalten und erst einmal schauen, ob die Kinder sich die Fragen alleine beantworten können.

Am Ende sollten die Kinder wissen, daß „schlechte" Geheimnisse blöde Gefühle auslösen und man sie deshalb erzählen darf. Gemeinsam können die Kinder überlegen, wem welches Kind vertrauen könnte, um ihm sein „blödes" Geheimnis zu erzählen. Dabei sollte jedes Kind für sich mehrere Alternativen haben, damit es auch in einer Gewaltsituation einen Menschen hat, dem es sich anvertrauen kann.

Mögliche Situationen sind z. B.:

– Deine Schwester hat Papa Geld aus dem Geldbeutel genommen, um Mama etwas Schönes zum Geburtstag zu kaufen. Du hast es gesehen und sollst es für dich behalten.

– Ihr malt gemeinsam Papa ein schönes Bild zu Weihnachten und erzählt niemandem davon.

– Dein großer Bruder nimmt dir ein Spielzeug weg und sagt, daß er dich verhaut, wenn du petzt. Jetzt hast du Angst und bist wütend.

– Deine Freundin macht beim Spielen in die Hose. Es ist ihr ganz peinlich, und sie bittet dich, es den anderen Kindern nicht zu erzählen.

– Ihr sitzt zusammen und überlegt, was ihr eurer Erzieherin zum Abschied schenken wollt. Sie kommt dazu und möchte wissen, was ihr da tuschelt. Ihr sagt aber nichts.

– Dir fällt nach dem Frühstück ein Teller herunter und geht kaputt. Johannes kommt dazu und sagt, er verrate nichts, wenn du ihm jeden Tag einen Lutscher bringen würdest.

– Ein Erwachsener, den du gut kennst, küßt und streichelt dich immer, obwohl du es gar nicht möchtest. Er sagt, daß es euer Geheimnis sei.

– Mama ist verreist. Mit Papa räumst du die Wohnung auf, und ihr pflückt noch einen schönen Blumenstrauß. Papa sagt, daß du am Telefon nichts verraten sollst, weil es ein Geheimnis und für Mama eine schöne Überraschung ist.

– Dein großer Bruder trinkt immer wieder heimlich Bier, obwohl er noch gar nicht 16 Jahre alt ist. Er sagt, du sollst es nicht verpetzen, weil er sonst Ärger mit den Eltern bekommt. Du hast Angst, daß Biertrinken etwas ganz Schlimmes ist.

Lügenbaron

Spieler/innen: zwei und mehr
Alter: ab 4 Jahren
Zeit: 5 Minuten
Material: keines
Ort: in einem ruhigen Raum

Die Spielleiterin erzählt eine Geschichte und baut darin eine unmögliche Lüge ein. Die Lüge sollte so richtig übertrieben und offensichtlich sein. Die Kinder sprechen hinterher, warum die erlogene Situation so gar nicht passiert sein kann, und unterhalten sich im Anschluß daran über das Lügen. Warum lügt ein Mensch? Wie ist das mit dem Lügen, ist es erlaubt? Verboten? Warum das? Gibt es Situationen, in denen Kinder lügen dürfen? Sollten die Kinder, die in einem Notfall lügen mußten, um sich selbst nicht zu schaden, die Situation anschließend mit einem Erwachsenen besprechen, damit dieser ihnen helfen kann?

5. Kraft allein macht nicht stark

Kinder wollen stark sein und keine Übergriffe erleben müssen

Das Bewußtsein von innerer und tatsächlicher Stärke entwickelt sich beim Menschen auf unterschiedlichen Ebenen. Es braucht dazu wirkliches Krafttraining und Abwehrtechniken, vor allem aber auch das Gefühl, den eigenen Körper gut zu kennen.

Diese Sensibilität für sich selbst kann sich entwickeln, wenn Kindern immer wieder die Gelegenheit gegeben wird, unterschiedliche basale Erfahrungen mit ihrem Körper zu machen. Wichtig ist eine Art Sinnesschulung für die Haut. Dazu müssen Erzieherinnen frei von moralischen Zwängen sein und Kindern auch Erfahrungsmöglichkeiten des Nacktseins anbieten. Nacktheit als etwas Unnatürliches zu sehen, ist eine Einschätzung von Erwachsenen, nicht von Kindern. Für Kinder ist das Nacktsein etwas Natürliches und Schönes. Sie lernen die Scham erst von den Erwachsenen. Allerdings spüren Kinder früh, ob ihre Eltern mit dieser Nacktheit einverstanden sind oder nicht. Deshalb kann die Erzieherin lediglich das Angebot machen, sich auszuziehen. Die Entscheidung, ob sie es tun wollen, liegt bei den Kindern selbst! Auch sollten die Eltern vorab informiert sein, wenn solche Spiele durchgeführt werden.

Auch wenn Kinder sich nicht wirklich gegen die Kraft eines Erwachsenen durchsetzen können, wird ihr körperliches Selbstvertrauen sie bestärken, einen Fluchtversuch zu wagen, wenn sie in Gefahr geraten. Kinder, die ein Gefühl für das Wohlbefinden ihres Körpers entwickeln, werden früher stop oder nein sagen können, wenn jemand ihre Grenzen überschreitet oder sie mit Drogen konfrontiert werden.

Stoffdusche

Spieler/innen:	ein Kind und mehr
Alter:	ab 3 Jahren
Zeit:	30 Minuten
Material:	Gymnastikreifen, Stoffstreifen, Schere, Schnur, ein Haken an der Decke
Ort:	im Gang

Die Kinder reißen oder schneiden Stoffstreifen, die circa zwei Meter lang sein sollten. Die einzelnen Streifen werden an den Gymnastikreifen geknotet. Quer in den Reifen werden Stoffstreifen gespannt, an die wiederum andere Streifen gebunden werden.

Ist der Reifen dicht behängt, wird er mit der Schnur an den Haken gehängt, so tief, daß die Streifen 10 cm über dem Boden enden. Der Reifen sollte im Eingangsbereich hängen oder an einem Ort, den die Kinder oft passieren. Es ist ein schönes und schauriges Gefühl, durch diese Dusche zu laufen.

Taststraßen

Spieler/innen:	ein Kind und mehr
Alter:	ab 3 Jahren
Zeit:	90 Minuten
Material:	verschiedene Materialien wie Schmirgelpapier, Samt, Watte, Baumrinde, Wolle, Plastikfolie, Teppichreste, Wellpappe usw., Klebstoff, Scheren, Quadrate aus Sperrholz (10 × 10 cm), Nägel
Ort:	im Gang

Die Quadrate aus Sperrholz, die im Baumarkt zugesägt worden sind, werden an die Kinder verteilt. Die Kinder können aber auch selbst mit der Laubsäge verschiedene Formen sägen. Diese Stücke aus Sperrholz werden nun mit den unterschiedlichsten Materialien beklebt. Anschließend werden sie im Flur an die Wand genagelt. Die Kinder können dabei lustige Muster legen, die sie vorher schon bestimmt haben. Oder sie gestalten mit den Holzstücken einen Clown mit Seifenblasen, verschiedene Tiere, ein Haus…

Kleine Säckchen oder Kindersöckchen können das Bild noch abrunden und mit verschiedenen Materialien (Reis, Eicheln, Sägespäne usw.) gefüllt werden. Wenn es in der Einrichtung eine Treppe gibt, können die unterschiedlichen Materialien auch um das Geländer gebunden werden.

Die Kinder werden immer wieder vor der Wand stehen und die unterschiedlichen Materialien betasten oder einfach im Vorbeigehen mit der Hand an ihnen entlangfahren.

Zur Eröffnung der Taststraße können Ratespiele gemacht werden. Die Erzieherin behält von allen verwendeten Materialien ein Stück zurück und klebt es auf kleine Kärtchen. Ein Kind befühlt blind eines dieser Kärtchen und sucht dasselbe Material an der Wand oder am Geländer. Hat es das richtige Material gefunden, darf es das nächste Kärtchen für ein anderes Kind ziehen.

Im Anschluß daran kann die Erzieherin mit den Kindern darüber sprechen, welche Materialien die Kinder besonders gerne anfassen und welche nicht.

Fußweg

Spieler/innen:	ein Kind und mehr
Alter:	ab 3 Jahren
Zeit:	60 Minuten
Material:	alte Teppichfliesen, Holzleisten, unterschiedliche Materialien wie Sand, Steine, Heu, Stroh, Schmirgelpapier usw.
Ort:	in einem Werkraum

Aus den Holzleisten werden Rahmen gebaut, die jeweils genau um eine Fliese passen. Diese so entstandenen Kästen werden an einem Ort, an dem sie liegenbleiben können, in eine Reihe gelegt. In die Kästen können die Kinder immer wieder neue Materialien füllen. Dabei muß nur darauf geachtet werden, daß die Materialien nicht scharf oder spitz sind und sich so kein Kind daran verletzen kann.

Die Kinder ziehen ihre Schuhe und Strümpfe aus und laufen durch die verschiedenen Felder. Wer Lust hat, kann dazu die Augen schließen. Die Erzieherin sollte die Kinder mit verschiedenen Materialien experimentieren lassen, so daß die Kinder viele verschiedene Erfahrungen machen können und ein breites Repertoire an Materialien kennenlernen, die sie angenehm oder unangenehm finden.

Anstatt Kisten zu bauen, können auch Bananenkisten verwendet werden. Oder aber die Kinder stopfen das Material in Kissenbezüge.

Klangecke

Spieler/innen:	zwei und mehr
Alter:	ab 4 Jahren
Zeit:	10 Minuten
Material:	alte Kuchenbleche, Hohlkörper aus verschiedenen Materialien, Holzstöcke, Metallstäbe usw., Schnur, Dorn, Hammer, Plastikklebeband, Drahtseil
Ort:	in einem ruhigen Raum

Die Kuchenbleche werden an einer Wand befestigt. Vor diese Bleche werden mit circa 10 cm Abstand verschiedene Hohlkörper an einem Drahtseil (im Gardinengeschäft erhältlich) befestigt.

In die Hohlkörper, zum Beispiel Dosen, Eimer, Aluminiumrohre, werden mit dem Dorn und einem Hammer zwei Löcher gehauen. Durch diese wird eine Schnur gezogen und das Ganze so am Drahtseil befestigt. Nun können die Kinder die Materialien an die Bleche schubsen oder mit verschiedenen Stäben anschlagen, um unterschiedliche Klänge zu erzeugen.

Schaukeln

Spieler/innen:	acht und mehr
Alter:	ab 4 Jahren
Zeit:	10 Minuten
Material:	eine Decke
Ort:	in einem ruhigen Raum

Die Kinder knien sich alle um die Decke. Ein Kind beginnt und legt sich mit dem Rücken auf die Decke. Einige der anderen Kinder heben diese nun etwas an und schaukeln das Kind auf der Decke hin und her. Nach einer Weile legen sie die Decke vorsichtig wieder ab, und ein anderes Kind wird geschaukelt. Sind die Kinder müde, weil das Halten der Decke viel Kraft kostet, machen sie eine Pause, und es sind diejenigen an der Reihe, die noch nicht geschaukelt haben.

Schnüffelnase

Spieler/innen: zwei und mehr
Alter: ab 4 Jahren
Zeit: 5 Minuten
Material: keines
Ort: in einem ruhigen Raum

Die Kinder gehen in den Vierfüßlerstand und beginnen durch den Raum zu krabbeln. Dabei beschnüffeln sie alles, was ihnen unter die Nase kommt. Sie dürfen dabei auch laute Kommentare abgeben, wie z.B.: „Ihhh", „Mhhh" oder „Ohhh". Die Kinder werden feststellen, daß unterschiedliche Menschen verschiedene Düfte gut finden und daß jedes Kind andere Vorlieben hat.

Hier riecht es fein

Spieler/innen: zwei und mehr
Alter: ab 4 Jahren
Zeit: 5 Minuten
Material: keines
Ort: in einem ruhigen Raum

Die Kinder versuchen, an sich selbst möglichst viele Stellen zu beschnuppern. Riechen denn die Handinnenflächen? Wie ist es unter den Armen, an den Füßen, am Knie? Die Kinder sprechen darüber und entscheiden, welche Regionen sie wohlriechend finden und welche nicht. Wie kommt es, daß bestimmte Stellen riechen? Was wissen die Kinder darüber? Was wollen sie dazu noch wissen? Riechen die Menschen alle gleich? Am besten die Kinder probieren es einmal aus und beschnüffeln sich gegenseitig.

Anschließend sprechen sie darüber, was es wohl bedeuten kann, jemanden nicht riechen zu können. Haben die Kinder schon Erfahrungen damit gemacht? Wissen sie, ob Mama und Papa, Oma und Opa unterschiedlich riechen? Wen riechen sie denn besonders gern? Wen weniger?

Klänge raten

Spieler/innen: zwei und mehr
Alter: ab 4 Jahren
Zeit: 5 Minuten
Material: verschiedene Materialien
Ort: in einem ruhigen Raum

Die Kinder verteilen sich im Raum und schließen die Augen. Die Erzieherin macht verschiedene Geräusche mit dem Körper oder mit Dingen, die im Raum verteilt sind. Die Kinder versuchen, den Körperteil oder den Gegenstand zu erraten, mit dem dieses Geräusch erzeugt wurde, und herauszufinden, ob sie das Geräusch schön finden oder nicht. Manche Geräusche lösen gar nichts aus und sind den Kindern gleichgültig.

Leckereien

Spieler/innen:	zwei und mehr
Alter:	ab 3 Jahren
Zeit:	15 Minuten
Material:	viele Lebensmittel, die Kinder mögen
Ort:	in einem ruhigen Raum

Die Kinder finden sich zu zweit zusammen. Ein Kind schließt die Augen, und das andere füttert es vorsichtig mit unterschiedlichen eßbaren Dingen. Das gefütterte Kind versucht herauszufinden, was es gerade gegessen hat. Nach einer Weile wechseln die Kinder die Rollen.

Danach sprechen die Kinder über die Gefühle, die sie hatten, als sie Dinge in den Mund gestopft bekamen, ohne zu wissen, was es war.

- Hatten sie Angst vor etwas Ungenießbarem?
- Was mögen sie nicht essen?
- Ekeln sie sich richtig vor manchem Essen?
- Muß zu Hause der Teller immer leergegessen werden?
- Darf ein Kind nein sagen, wenn es keinen Hunger oder keine Lust hat zu essen?
- Wie können Eltern überzeugt werden, daß Kinder nicht alles essen müssen?

Die / der macht wieder ein Gesicht

Spieler/innen:	zwei und mehr
Alter:	ab 4 Jahren
Zeit:	5 Minuten
Material:	keines
Ort:	in einem ruhigen Raum

Die Kinder sitzen in einem Halbkreis zusammen. Ein Kind sitzt ihnen gegenüber. Die Kinder im Halbkreis bestimmen nun, welches Gesicht das Kind ihnen gegenüber machen soll, zum Beispiel ein wütendes. Schafft es das, darf es sich zu den anderen setzen und den Platz mit einem Kind tauschen. Es bestimmt nun, welches Gesicht das neue Kind machen soll. Gelingt es ihm nicht, die gewünschte Grimasse zu machen, helfen ihm die Kinder dabei und demonstrieren, wie es gemeint ist.

Wenn alle Kinder einmal an der Reihe waren oder keine Lust mehr haben, ist das Spiel zu Ende.

Ei, wo steckt er denn?

Spieler/innen:	zwei und mehr
Alter:	ab 4 Jahren
Zeit:	5 Minuten
Material:	Bauklötze oder ähnliches
Ort:	in einem ruhigen Raum

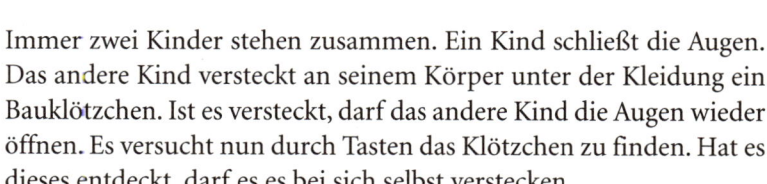

Immer zwei Kinder stehen zusammen. Ein Kind schließt die Augen. Das andere Kind versteckt an seinem Körper unter der Kleidung ein Bauklötzchen. Ist es versteckt, darf das andere Kind die Augen wieder öffnen. Es versucht nun durch Tasten das Klötzchen zu finden. Hat es dieses entdeckt, darf es es bei sich selbst verstecken.

Ich rüttle und schüttle mich

Spieler/innen:	zwei und mehr
Alter:	ab 4 Jahren
Zeit:	5 Minuten
Material:	meditative Musik, für jedes Kind eine Decke oder Matte
Ort:	in einem ruhigen Raum

Die Kinder legen sich auf die Decke und schließen die Augen, wenn sie es möchten. Die Erzieherin fordert sie auf, tief ein- und auszuatmen. Nach einiger Zeit beginnt die Erzieherin, die Kinder auf alle Körperteile aufmerksam zu machen. Sie beginnt bei den Füßen mit Fragen, die sich immer wieder wiederholen:

„Spürt ihr einen Fuß, wie er auf der Decke aufliegt? Hat er viel Gewicht, und liegt er schwer, oder ist der Druck am Boden gering? Ist der Fuß warm? Wie fühlt sich der andere Fuß an? Spürt ihr, wie er auf der Decke aufliegt?"

Wenn nach und nach der ganze Körper gespürt worden ist, beginnen die Kinder an den Füßen, alle Körperteile auszuschütteln. Zum Schluß sitzen sie und fangen wieder bei den Füßen an, nach und nach alle Körperteile zu klopfen, als sollten diese wachwerden.

Materialmassage

Spieler/innen:	zwei und mehr
Alter:	ab 4 Jahren
Zeit:	15 Minuten
Material:	verschiedene Materialien wie Puppenkleider, Folie, Schwamm, Styropor, Alufolie usw., eine Decke für je zwei Kinder
Ort:	in einem ruhigen, gut geheizten Raum

Die Kinder ziehen sich so weit aus, wie sie es wollen, und suchen sich ein anderes Kind, mit dem zusammen sie spielen wollen. Haben sich die Paare gefunden, legt sich ein Kind mit geschlossenen Augen auf die Decke. Erst liegt es auf dem Bauch, später auf dem Rücken. Sein Partner oder seine Partnerin nimmt nun nach und nach die unterschiedlichen Materialien und streichelt damit sanft das liegende Kind. Das darf jederzeit „weiter" oder „stop" sagen, je nachdem ob es das Streicheln angenehm oder nicht findet. Die Kinder sollen experimentieren, ob sich die Materialien überall gleich anfühlen. Vielleicht fühlt sich eine Feder auf dem Bauch ganz schön, an den Fußsohlen aber ganz unangenehm an. Hat das Kind auf der Decke genug, wechseln die beiden Kinder die Rollen.

Wichtig ist dabei, daß die Kinder genau auf die Signale des anderen hören und sich nach seinen Wünschen richten.

Anschließend sprechen alle über ihre Erfahrungen.

Pinselmassage

Spieler/innen:	drei und mehr
Alter:	ab 4 Jahren
Zeit:	20 Minuten
Material:	für drei Kinder je zwei Fächerpinsel (Größe 4) und eine Decke, meditative Musik
Ort:	in einem ruhigen, geheizten Raum

Die Kinder finden sich in Dreiergruppen zusammen und ziehen sich so weit aus, wie sie es möchten. Ein Kind legt sich auf die Decke. Es liegt am Anfang auf dem Rücken und anschließend auf dem Bauch. Die anderen beiden Kinder knien sich links und rechts neben das Kind. Sie nehmen die Pinsel und versuchen, das Kind so synchron wie möglich mit den Pinseln zu streicheln. Das Kind auf der Decke darf jederzeit sagen, wenn ihm eine Stelle unangenehm ist. Die beiden knienden Kinder richten sich danach. Wenn das Streicheln zu Ende ist, darf sich das liegende Kind noch ein bißchen Zeit nehmen und das Streicheln nachempfinden.

Nach und nach darf sich jedes Kind einmal streicheln lassen. Sind alle Kinder an der Reihe gewesen, setzen sich die Kinder zusammen. Sie erzählen von ihren Erfahrungen als gestreicheltes Kind und als Streichler. Auch sprechen sie über die Stellen, an denen es schön ist, mit dem Pinsel gestreichelt zu werden, und an welchen nicht.

Gummibären auf der Haut

Spieler/innen:	zwei und mehr
Alter:	ab 4 Jahren
Zeit:	10 Minuten
Material:	viele Gummibären, natürlich ohne Farbstoff, für zwei Kinder immer eine Decke
Ort:	in einem ruhigen, geheizten Raum

Immer zwei Kinder finden sich zusammen. Die Kinder ziehen sich so weit aus, wie sie möchten. Jedes Kind erhält einen Becher mit Gummibären. Ein Kind stellt den Becher zur Seite und legt sich auf den Bauch (später auf den Rücken). Das andere Kind legt nun nach und nach Gummibären auf dessen unterschiedliche Körperstellen. Hat das Kind alle Bären verteilt, sagt ihm das liegende Kind, welche Bären es nacheinander wegnehmen soll. Vergißt es dabei Gummibären, die noch auf seinem Körper liegen, darf das Kind diese in den zweiten Becher, der nachher für ihn benutzt wird, legen. Das Kind dreht sich nun auf den Rücken und bekommt nochmals die Gummibären auf den Körper gelegt. Besonders spannend ist es, wenn die Kinder die Augen geschlossen haben. Vielleicht werden ja auf die Augen die ersten beiden Gummibären gelegt...

Alle Bären, die am Ende der Übung wieder im Becher sind, darf das Kind essen. Allerdings erst, nachdem es dem anderen Kind die Gummibären aus dem zweiten Becher aufgelegt hat.

Bauchmusik

Spieler/innen:	zwei und mehr
Alter:	ab 4 Jahren
Zeit:	10 Minuten
Material:	keines
Ort:	in einem ruhigen, geheizten Raum

Die Kinder machen den Oberkörper frei und teilen sich in zwei Gruppen. Die Gruppen stehen sich gegenüber. Die erste Gruppe schickt einen „Geräuschemacher" los. Dieser versucht mit dem Mund ein Geräusch auf den Bäuchen der Kinder zu erzeugen. Dazu darf er sich bis zu drei verschiedene Bäuche aussuchen. Wenn ein Kind lacht, muß es in die Gruppe des Geräuschemachers zurück. Nun ist der Geräuschemacher der anderen Gruppe an der Reihe, seine Bäuche zu suchen, usw. Bei jedem Durchgang ist ein anderes Kind der Geräuschemacher. Die Gruppe, in der am Ende alle Kinder stehen, hat gewonnen.

Kontakttanz

Spieler/innen:	zwei und mehr
Alter:	ab 4 Jahren
Zeit:	10 Minuten
Material:	flotte Musik
Ort:	in einem ruhigen Raum

Die Kinder tanzen zu zweit im Raum. Die Erzieherin nennt immer wieder Körperteile, die sich beim Tanzen berühren sollen: Schulter an Schulter, Po an Po, oder auch Knie an Hüfte usw. Die Kinder tanzen nun so, daß sie diese Vorgaben umsetzen.

Roboter

Spieler/innen: zwei und mehr
Alter: ab 4 Jahren
Zeit: 10 Minuten
Material: keines
Ort: in einem ruhigen Raum

Die Kinder teilen sich in zwei Gruppen. Eine Gruppe geht vor die Tür.
Die Kinder im Raum vereinbaren eine Bewegung und ein Geräusch.
Sie überlegen sich auch, welches Körperteil berührt werden muß, damit sie still stehen und kein Geräusch mehr machen. Dann beginnen
sie, das Geräusch und die Bewegung zu machen, während die zweite
Gruppe ins Zimmer kommt. Diese versucht nun, alle möglichen Körperteile der tanzenden Kinder zu streicheln, bis die ganze Gruppe
stillsteht. Dann ist Wechsel.

Socken klauen

Spieler/innen: zwei und mehr
Alter: ab 4 Jahren
Zeit: 5 Minuten
Material: für jedes Kind ein Socken
Ort: in einem ruhigen Raum

Die Kinder ziehen sich über ihre rechte oder linke Hand einen
Socken. Auf ein gemeinsames Zeichen hin versuchen sie, den anderen
Kindern möglichst viele Socken wegzunehmen und gleichzeitig den
eigenen Socken nicht zu verlieren.

Lichter Show

Spieler/innen: zwei und mehr
Alter: ab 4 Jahren
Zeit: 10 Minuten
Material: eine Taschenlampe, flotte Musik
Ort: in einem ruhigen, dunklen Raum

Die Kinder stellen sich an den Rand des Raumes. Ein Kind geht mit der Taschenlampe in die Mitte und beginnt zu der Musik einen Lichtertanz zu tanzen. Die anderen Kinder spornen es an und klatschen. Die Kinder erreichen schöne Effekte, wenn sie raumgreifende Bewegungen mit der Taschenlampe machen. Das bedeutet, sich selbst den Raum zu nehmen und ihn zu füllen. Besonders für eher schüchterne und zurückhaltende Kinder eine hilfreiche und schöne Übung!

Wenn alle Kinder an der Reihe waren, ist das Spiel zu Ende.

Schlagen

Spieler/innen:	zwei und mehr
Alter:	ab 4 Jahren
Zeit:	10 Minuten
Material:	für zwei bis drei Kinder je ein Küchenhandtuch und eine Matte
Ort:	in einem ruhigen Raum

Ein Kind kniet sich auf die Matte. Das Handtuch hat an einem Ende einen Knoten. Das kniende Kind nimmt das Handtuch an der nicht verknoteten Seite in eine seiner Hände, während das andere Kind seitlich etwas versetzt hinter ihm neben seiner leeren Hand steht. Nun beginnt das Kind mit dem Handtuch fest auf den Boden zu schlagen. Dabei wird es von seinem Partner oder seiner Partnerin angefeuert, immer fester und schneller zu schlagen. Ist das Kind aus der Puste, wechseln die beiden die Plätze.

Im Anschluß sprechen die Kinder miteinander über ihre Erfahrungen.

– Wie ist das, soviel Gewalt auszuüben?
– Macht es Spaß?
– Tut es gut?
– Könnte man mit so einem Handtuch die eigene Wut aus sich heraus hauen?
– Wie fühlen sich denn jetzt die Arme an?
– Bekommt man Kraft, wenn öfters so fest geschlagen wird?

Kiste verteidigen

Spieler/innen: vier und mehr
Alter: ab 4 Jahren
Zeit: 5 Minuten
Material: zwei Kisten, gerollte Zeitungen, Ersatzzeitungen
Ort: in einem ruhigen Raum

Die zwei Kisten stehen sich gegenüber. Auf jeder Kiste kniet ein Kind mit einer Zeitungsrolle in der Hand. Die Kinder schlagen sich mit der Zeitung und versuchen, so das andere Kind von der Kiste zu vertreiben. Wer als erstes mit einem Fuß den Boden berührt, läßt ein anderes Kind auf die Kiste.

Ringkampf

Spieler/innen: vier und mehr
Alter: ab 4 Jahren
Zeit: 10 Minuten
Material: eine Matte oder eine Matratze, eine Trillerpfeife
Ort: in einem ruhigen Raum

Zwei Kinder kämpfen miteinander. Vorher legen sie allerdings gemeinsam die Regeln fest. Es darf zum Beispiel nicht gebissen, an den Haaren gezogen oder gekniffen werden. Die Kinder sollen sich gegenseitig allein durch Festhalten und Kraft auf den Boden werfen und verhindern, daß das andere Kind wieder aufstehen kann. Ein Kind ist Schiedsrichter und pfeift sofort, wenn ein Kind eine Regel übertritt. Dieses Kind muß dann aufhören und kann erst wieder nach einer Pause weiterkämpfen. Wenn es besonders große Kinder in der Gruppe gibt, können die den kleinen Tips geben und verschiedene Sachen ausprobieren. Im Idealfall steht die Matte den Kindern immer zur Verfügung, die so „Training" spielen können oder auch die Kräfte miteinander messen dürfen.

Zu überlegen ist, daß ein Trainer kommt, der die Kinder in verschiedenen asiatischen Kampfsportarten unterrichtet. Dieser könnte mit den Kindern einen Wettkampf durchführen und ein paar Tips geben, wie auch kleine Kinder ihre Kräfte wirksam einsetzen können. Oft haben kleine Menschen den Vorteil, daß sie durch ihre geringe Größe die Hebelwirkung vergrößern können.

Hin und her

Spieler/innen: vier und mehr
Alter: ab 4 Jahren
Zeit: 5 Minuten
Material: ein langes Seil, ein Tischtennisball, ein Eimer
Ort: in einem ruhigen Raum

Auf den Boden wird ein Seil gelegt. Die Kinder stehen in einer Reihe an dessen einem Ende. Ein Kind beginnt, mit dem Tischtennisball in der Hand auf dem Seil zu laufen. Es darf dabei nicht neben dieses treten. Am Ende des Seiles steht der Eimer, und das Kind legt den Ball hinein. Nun läuft es rückwärts zurück zu den anderen Kindern und bemüht sich wieder, auf dem Seil zu bleiben. Das nächste Kind holt den Ball wieder usw.

Krafttraining

Spieler/innen:	acht und mehr
Alter:	ab 4 Jahren
Zeit:	30 Minuten
Material:	verschiedene Turngeräte
Ort:	in der Turnhalle

Die Kinder beginnen sich zuerst ein bißchen warmzulaufen, vielleicht mit einem wilden Fangspiel. Anschließend macht die Erzieherin mit ihnen ein wenig Gymnastik, damit die Muskeln und die Bänder alle warm und elastisch sind. Sie kann dafür mit den Kindern den Hampelmann machen, sich strecken, als ob sie Äpfel vom Baum holen möchte, sich ganz klein machen usw. Es ist wichtig, warm zu werden, um das Verletzungsrisiko zu verringern!

Zuvor haben Erzieherin und Kinder in der Turnhalle mit verschiedenen Geräten eine „Bewegungsbaustelle" aufgebaut. Diese dient dazu, die Muskeln zu trainieren und den Muskelaufbau zu fördern. Wenn die Kinder die Gelegenheit haben, für acht Wochen zweimal in der Woche die Bewegungsbaustelle zu nutzen (Absprache mit einer Grundschule am Ort), werden die Kinder selbst merken, wie sie stärker werden und die einzelnen Übungen ihnen leichter fallen. Darüber hinaus bietet die Bewegungsbaustelle den Kindern viel Wahlmöglichkeiten, sie können also machen, was ihnen gefällt.

Gibt es keine Möglichkeit, eine Turnhalle zu nutzen, sollte sich die Kita überlegen, ob sie nicht in ihren Räumen Platz für ein Paar Stationen schafft.

In der Bewegungsbaustelle gibt es:
- eine Langbank, die in die Sprossenwand eingehängt ist. Die Kinder ziehen sich bäuchlings mit ihren Armen so weit nach oben, wie sie kommen, und rutschen auf dem Bauch wieder hinunter;
- einen Medizinball, der mit den Füßen immer wieder an die Wand gestoßen oder mit den Händen über eine bestimmte Strecke transportiert werden muß. Kleine Kinder rollen den Ball;
- einen Stufenbarren, dessen Stufen sich auf gleicher Höhe befinden

und an dem sich die Kinder von einem Ende zum anderen hangeln können;

- eine Matte. Ein Kind setzt sich der Erzieherin gegenüber. Die Sohlen ihrer Füße berühren einander. Das Kind versucht, die eigenen Füße zu strecken und damit die von der Erzieherin wegzustoßen. Die Erzieherin hält immer ein bißchen dagegen;
- eine Schnur, über die ein Medizinball – eventuell auch zu zweit – geworfen werden muß;
- ein kleines Trampolin, von dem aus auf eine dicke Matte gesprungen werden kann;
- eine Sprossenwand, unter der eine dicke Hochsprungmatte liegt, so daß die Kinder die Sprossen hinaufklettern und dann hinunterspringen können.

Achtung: Eine Erzieherin, die keine Erfahrung mit Sportgeräten hat, muß den eigenen Parcours unbedingt von einem Fachmann oder einer Fachfrau abnehmen lassen. Es gibt Geräte, die bestimmte Beanspruchungen nicht aushalten und deshalb für das eine oder andere nicht benützt werden können. Auch unterscheiden sich die diversen Matten in Turnhallen in Material und Qualität erheblich. Nicht auf jede Matte können Kinder zum Beispiel gefahrlos springen!

6. Einer führt, und alle folgen

Kinder wollen auch mal bestimmen

Damit Kinder sich in Gruppen wohlfühlen, brauchen sie die Möglichkeit, auch einmal die Führung und die Verantwortung für die Gruppe übernehmen zu können. Es ist wichtig, sich manchmal durchzusetzen und ein Ziel gemeinsam mit der Gruppe und auch für die Gruppe zu verfolgen. Genauso wichtig ist es aber auch, die Führung zum richtigen Zeitpunkt wieder jemand anderem zu überlassen und sich unterzuordnen.

Um Kindern diese Erfahrung zu ermöglichen, sollten sich die Erzieherinnen angewöhnen, so wenig wie möglich zu regeln. Die Kinder sollen selbst lernen, die anderen aussprechen zu lassen, sich nicht gegenseitig ins Wort zu fallen usw. Um das zu lernen, müssen sie das Chaos erst einmal erleben. Nur wenn jeder und jede redet, wann es ihm oder ihr paßt, werden die Kinder entdecken, daß sie gar nichts davon haben.

Die Kinder brauchen also die Möglichkeit, miteinander Regeln zu entwickeln, die sie selbst für notwendig halten.

Damit Kinder die Balance zwischen „führen" und „geführt werden" lernen, müssen sie um ihre eigenen Kompetenzen wissen und die der anderen kennen.

In diesem Kapitel werden Spiele vorgestellt, in denen Kinder ihre Kompetenzen ausprobieren und die Frage der Macht spielerisch durchleben können.

Begabungen

Spieler/innen: zwei und mehr
Alter: ab 4 Jahren
Zeit: 15 Minuten
Material: Papier, Stifte
Ort: in einem ruhigen Raum

Die Kinder sitzen zusammen und sprechen über ihre Begabungen. Was kann ich besonders gut? Wie geht das? Habe ich dafür besonders geübt? Wenn alle Kinder etwas gefunden haben, malen sie ihre Begabung auf. Dann werden die Bilder an einen gemeinsamen Platz gehängt. Von jetzt an können die Kinder, wenn sie Hilfe brauchen, immer erst auf den Bildern schauen, wer etwas besonders gut kann.

Gut finde ich...

Spieler/innen: vier und mehr
Alter: ab 4 Jahren
Zeit: 5 Minuten
Material: ein Ball
Ort: in einem ruhigen Raum

Die Kinder stehen im Kreis. Ein Kind hat den Ball in der Hand und führt den Satz fort: „Gut finde ich an mir, daß ich…" Anschließend wirft es den Ball weiter. Das Kind, das nun den Ball in der Hand hat, sagt seinen eigenen Satz und wirft den Ball wieder weiter. Die Kinder können öfter an die Reihe kommen, da jedes Kind mehr als nur eine Eigenschaft oder Kompetenz an sich toll finden dürfte.

Schwierige Aufgaben

Spieler/innen: vier und mehr
Alter: ab 4 Jahren
Zeit: 20 Minuten
Material: keines
Ort: in einem ruhigen Raum

Jedes Kind bekommt eine schwere Aufgabe von der Erzieherin gestellt. Die Aufgaben sollten möglichst nicht rollen- bzw. geschlechtsspezifisch verteilt sein. Die Kinder versuchen nun die Aufgaben zu lösen. Viele Aufgaben können nicht allein geschafft werden. Wenn die Kinder beim ersten Probieren merken, daß sie es nicht schaffen, gehen sie zu einem anderen Kind und fragen, ob es ihnen helfen kann. Können sie die Aufgabe auch zu zweit nicht bewältigen, fragen sie ein drittes Kind.

Aufgaben können sein:
– auf den Baum zu klettern;
– den Tisch durch das Zimmer zu tragen;
– die Türe zu verbarrikadieren, damit keiner mehr reinkommt;
– die Kiste mit den Bauklötzen auf den Schrank zu stellen;
   Die Kinder beobachten sich dabei gegenseitig, so daß alle mitbekommen, wie stark ein Kind ist. Hat ein Kind ein bißchen Angst, so helfen die anderen, indem sie gemeinsam ganz laut rufen: „Nicht gleich verzagen, ruhig was wagen!"

Quatsch nicht immer

Spieler/innen: zehn und mehr
Alter: ab 4 Jahren
Zeit: mehrere Tage
Material: ein kleiner Ball
Ort: in einem ruhigen Raum

Die Kinder sitzen zusammen und unterhalten sich darüber, was sie in der Gruppe gut finden und was ihnen nicht gefällt. Die Erzieherin läßt den Kindern im Gespräch freien Lauf und mischt sich nicht ein. Nach einiger Zeit fragt sie die Kinder, ob diese Gesprächsform so in Ordnung ist oder ob einige Kinder sich etwas anderes wünschen würden. Wie ist das mit der Rücksichtnahme? Die Erzieherin gibt den Ball in die Runde. Sie schlägt vor, daß nur das Kind reden darf, das den Ball in der Hand hält. Sie gibt noch den Tip, daß die Kinder den Ball zuerst denjenigen zuwerfen sollen, die noch nichts oder wenig gesagt haben. Wenn ein Kind nichts sagen will, darf es den Ball einfach weiterwerfen.

Hilfe anfordern

Spieler/innen: sechs und mehr
Alter: ab 4 Jahren
Zeit: 10 Minuten
Material: keines
Ort: in einem ruhigen Raum

Die Erzieherin verteilt an alle Kinder Aufgaben, die kein Kind allein bewältigen kann. Die Kinder sollen sich gegenseitig fragen, ob sie sich helfen. Damit lernen die Kinder, daß sie gemeinsam eine ganze Menge bewältigen können.

Wenn alle Kinder ihre Aufgaben erledigt haben und genug dafür gelobt wurden, setzen sie sich zusammen. Sie sprechen darüber, wie es ist, jemand anderen um Hilfe bitten zu müssen. Wie ist es, umgekehrt gefragt zu werden? Macht es Spaß, die Aufgaben zu zweit zu erledigen? Wer kann einem außerhalb der Kita helfen, wenn man eine Aufgabe alleine nicht bewältigt?

Was ist angeboren?

Spieler/innen:	vier und mehr
Alter:	ab 4 Jahren
Zeit:	10 Minuten
Material:	keines
Ort:	in einem ruhigen Raum

Die Kinder überlegen gemeinsam mit der Erzieherin, was ihnen angeboren ist und was sie noch lernen können bzw. wollen. Die Kinder sollen dabei begreifen, daß manche Kompetenzen nicht einfach über einen kommen, sondern daß sie manchmal auch mühsam erkämpft werden müssen. Wie geht das mit dem Lernen? Was kann man lernen? Müssen Kinder denn alles selbst können, oder können sie sich auch Kompetenzen aufteilen? Wichtig ist es, daß jedes Kind für sich zufrieden ist!

Er kann, sie kann

Spieler/innen:	zwei und mehr
Alter:	ab 4 Jahren
Zeit:	5 Minuten
Material:	keines
Ort:	in einem ruhigen Raum

Ein Kind ist Fänger und rennt sogleich los. Es versucht, ein anderes Kind anzutippen. Dieses kann sich retten, indem es den Namen eines Kindes aus der Gruppe ruft und etwas dazu nennt, was dieses Kind gut kann. Zum Beispiel: „Martha bekommt jeden Reißverschluß zu." Nun kann das Kind nicht gefangen werden und muß stehenbleiben, bis Martha kommt und ihm auf die Schulter klopft. Wer dagegen gefangen ist, d. h. angetippt wurde, ohne einen passenden Satz zu finden, wird selbst Fänger. Wenn die Kinder keine Lust mehr haben, ist das Spiel zu Ende.

Nichts als Schmusen

Spieler/innen: zwei und mehr
Alter: ab 3 Jahren
Zeit: 5 Minuten
Material: keines
Ort: in einem ruhigen Raum

Die Kinder laufen durch den Raum. Immer wenn sich zwei Kinder treffen, sagen beide, mit welchem Körperteil geschmust werden soll. Dieser wird dann jeweils vom anderen Kind beschmust. Es gibt Füße-schmusen, Backenschmusen, Rückenschmusen usw.

Anschließend sprechen die Kinder darüber, was es mit dem Schmusen auf sich hat. Macht es Spaß? Mit wem schmusen die Kinder am liebsten? Mit wem am meisten? Wann schmusen die Kinder am liebsten – morgens, abends, in einer bestimmen Situation?

Kreiseln

Spieler/innen: zwei und mehr
Alter: ab 4 Jahren
Zeit: 10 Minuten
Material: keines
Ort: in einem ruhigen Raum

Die Kinder stehen im Kreis. Ein Kind löst sich aus dem Kreis und stellt sich hinter ein anderes Kind. Dieses läuft los und stellt sich wie-der hinter ein anderes Kind. Das Kind, das läuft, darf also bestimmen, wer als nächstes laufen muß.

Roboter und Mechaniker

Spieler/innen: zwei und mehr
Alter: ab 4 Jahren
Zeit: 5 Minuten
Material: keines
Ort: in einem ruhigen Raum

Die Kinder stellen sich zu zweit zusammen. Ein Kind ist ein Roboter, und das andere sein Mechaniker. Der Mechaniker möchte ausprobieren, ob der Roboter richtig funktioniert. Dazu tippt er dem Roboter an die Nase. Dieser fängt sofort an, durch den Raum zu laufen. Indem der Mechaniker auf die linke oder die rechte Schulter tippt, kann er die Richtung des Roboters wechseln. Wenn ein Roboter einen anderen Roboter berührt, wechseln die beiden Kinder die Rollen.

Ich sage, wo es langgeht

Spieler/innen: zwei und mehr
Alter: ab 4 Jahren
Zeit: 10 Minuten
Material: ein Tisch
Ort: in einem ruhigen Raum

Ein Kind steht auf dem Tisch. Alle anderen Kinder sind im Raum verteilt. Das Kind auf dem Tisch gibt nun Anweisungen, was die anderen Kinder machen sollen: unter dem Tisch durchkrabbeln, hinter dem Theater verstecken usw. Nach einer Weile ist Wechsel.

Ich bin an der Macht

Spieler/innen: vier und mehr
Alter: ab 4 Jahren
Zeit: 10 Minuten
Material: verschiedene Materialien, um einen Thron zu bauen und eine Krone herzustellen
Ort: in einem ruhigen Raum

Die Kinder bauen gemeinsam einen Thron. Dazu kann ein Stuhl auf einen großen Tisch gestellt und mit dicken Decken ausgepolstert werden. Ein Kind beginnt, setzt sich die Krone auf und nimmt auf dem Thron Platz. Alle Kinder müssen nun dem Kind mit der Macht gehorchen. Dieses gibt aber keine Befehle an die Gruppe, sondern nur an einzelne Kinder. Zwischendurch schaut es auch den anderen Kindern nur von oben herab zu. Die Kinder müssen, ohne zu murren, gehorchen und alles machen, was das Kind auf dem Thron sagt. Nach einiger Zeit ist Wechsel, und ein anderes Kind, das möchte, bestimmt vom Thron herab.

Wenn alle Kinder, die wollen, auf dem Thron waren, setzen sich die Kinder zusammen und sprechen darüber, wie es ist, wenn einer die Macht hat und alle tun müssen, was er sagt. Die Kinder versuchen dabei beide Positionen zu beleuchten. Auch sollten sie sich überlegen, in welchen Situationen es vielleicht gut ist, wenn ein Kind alles bestimmt. Sind das in unterschiedlichen Situationen auch verschiedene Kinder?

Schlängeln

Spieler/innen:	zwei und mehr
Alter:	ab 3 Jahren
Zeit:	5 Minuten
Material:	keines
Ort:	in einem ruhigen Raum

Die Kinder gehen verteilt durch den Raum. Ein Kind beginnt und nimmt ein anderes Kind an die Hand. Nach und nach werden alle Kinder in die Schlange geholt. Ist das letzte Kind an die Hand genommen, beginnt ein anderes Kind, eine neue Schlange zu bilden. So geht es immer weiter, bis die Kinder keine Lust mehr haben.

Gleichklang

Spieler/innen:	zwei und mehr
Alter:	ab 4 Jahren
Zeit:	5 Minuten
Material:	keines
Ort:	in einem ruhigen Raum

Die Kinder bewegen sich durch den Raum. Sie klatschen im gleichen Rhythmus, in dem sie gehen, in die Hände. Nach und nach versuchen sie, alle im gleichen Rhythmus zu gehen und zu klatschen. Haben sie das geschafft, versuchen sie, dabei gemeinsam schneller und wieder langsamer zu werden. Vielleicht gelingt es ihnen sogar, mit der Lautstärke zu variieren.

Lebendige Möbelstücke

Spieler/innen:	zwei und mehr
Alter:	ab 4 Jahren
Zeit:	5 Minuten
Material:	keines
Ort:	in einem ruhigen Raum

Die Kinder spielen zu zweit. Ein Kind sitzt passiv auf dem Boden. Das zweite, „aktive" Kind formt dieses vorsichtig zu einem Möbelstück, das es auch ausprobieren kann, zu einem Sessel, einem Bett, einem Stuhl usw. Nach einer Weile wechseln die Kinder ihre Rollen. Wichtig ist, daß die Kinder beim „Formen" keine Gewalt anwenden und sofort aufhören, wenn dem anderen Kind etwas weh tut.

Regenmacher/in

Spieler/innen:	zehn und mehr
Alter:	ab 4 Jahren
Zeit:	10 Minuten
Material:	keines
Ort:	in einem ruhigen Raum

Die Kinder verteilen sich im Raum. Das Kind, dem als erstes etwas einfällt, beginnt einfach und sagt zum Beispiel leise: „Regen, Regen, Regen", und tippelt dabei mit den Fingern auf einem Holz, um Regentropfen zu imitieren. Die anderen Kinder machen das Geräusch nach. Dann fällt einem Kind vielleicht ein: „Treppe, Treppe, Treppe", und es stampft mit den Beinen auf den Boden. Jedes Kind, dem etwas einfällt, darf dieses Geräusch vormachen, und die anderen müssen es nachmachen.

Wer will fleißige Handwerker seh'n?

Spieler/innen: zehn und mehr
Alter: ab 4 Jahren
Zeit: mehrere Tage
Material: von den Kindern selbst organisiert
Ort: im Garten

Die Kinder bekommen eine große Aufgabe von der Erzieherin gestellt. Zum Beispiel sollen sie ein Baumhaus im Garten der Kita bauen. Die Erzieherin hält sich bei den Ausführungen komplett zurück. Die Kinder sollen selbst auf Sicherheit achten und die Arbeit organisieren. Brauchen sie Hilfe, gibt die Erzieherin den Kindern genau das, was sie benötigen, oder hilft auch mal mit einer Frage den Kindern auf die Sprünge.

Die Kinder werden von der Erzieherin immer wieder zusammengeholt und sehr liebevoll versorgt, vielleicht mit leckeren Handwerkerbroten und Tee. Nach dem Essen sollen die Kinder erzählen, wie es ihnen im einzelnen mit dem Projekt ergeht.

– Wer bestimmt zum Beispiel, und ist das gut so? Gibt es Situationen, in denen jemand anderes besser wäre?
– Ist das für das bestimmende Kind nicht viel Verantwortung? Wie erlebt er oder sie es?
– Was fehlt bei der Arbeitsorganisation noch?
– Wie steht es mit der Sicherheit?
– Machen die Kinder die Arbeit, die sie auch können?
– Setzt jeder und jede seine bzw. ihre Kompetenzen ein?
– Brauchen die Kinder Regeln, die sie für sich aufstellen wollen?
– Gibt es Gefühle von Überforderung oder von „Das schaffen wir nie"?
– Wie sieht es aus, wenn das Haus fertig ist?
– Wird es innen ausgebaut, oder haben die Kinder die Nase voll?
– Was brauchen die Kinder – auch einzelne – noch an Hilfe, damit es ihnen gutgeht?

Anmerkung: Die Erzieherinnen müssen in dieser Zeit die Kinder beobachten und dabei genau die Dynamik in der Gruppe im Blick behalten. So können sie zum einen viel über ihre Kinder und deren Entwicklung erfahren und zum anderen bestimmte Situationen mit den Kindern in der Gesprächsrunde ansprechen und reflektieren. Dazu ist es sinnvoll, daß sich die Kolleginnen über ihre Eindrücke austauschen und diese im Vorfeld reflektieren. So verhindert jede, daß sie ein hohes Maß ihrer Aufmerksamkeit nur auf ein Kind richtet, das vielleicht einen unbewußten Mechanismus bei ihr in Gang setzt.

Register

Weitere Titel von Heike Baum

**Bewegungsspiele
für Kinder ab vier Jahren**
144 Seiten, Paperback
ISBN 3-451-23943-4

Dreckspatz, Schmierfink, Schmuddelkind!
Spiele mit Wasser, Matsch und Farbe
128 Seiten, Paperback
ISBN 3-451-26291-6

Heute sind wir Stubenhocker!
Spiele mit Spaß und Konzentration
144 Seiten, Paperback
ISBN 3-451-26029-8

Kleine Kinder – große Gefühle
Kinder entdecken spielerisch ihre Emotionen
144 Seiten, Paperback
ISBN 3-451-26475-7

Messer, Gabel, Schere, Licht – warum denn nicht?
Kinder lernen spielerisch die Gefahr einschätzen
144 Seiten, Paperback
ISBN 3-451-26356-4

Spiele aus Großmutters Zeit
Für Kinder von heute entdeckt
144 Seiten, Paperback
ISBN 3-451-23626-5

Im Buchhandel erhältlich!

HERDER